Cecilia Tada

O CAMINHO DE
CONFORMAÇÃO A CRISTO

*na vida de
Santa Teresa do Menino Jesus e da Sagrada Face*

Dados Internacionais de Catalogação na Publicação (CIP)
(Câmara Brasileira do Livro, SP, Brasil)

Tada, Cecilia
O caminho de conformação a Cristo na vida de Santa Teresa do Menino Jesus e da Sagrada Face / Cecilia Tada. -- São Paulo : Paulinas, 2018. -- (Caminhos no espírito)

ISBN 978-85-356-4452-4

1. Experiência religiosa 2. Teresa do Menino Jesus, Santa, 1873-1897 3. Vida espiritual I. Título. II. Série.

18-19305	CDD-248.4

Índice para catálogo sistemático:
1. Santas : Igreja Católica : Vida espiritual : Cristianismo 248.4

Iolanda Rodrigues Biode - Bibliotecária - CRB-8/10014

Direção-geral: *Flávia Reginatto*
Editores responsáveis: *Vera Ivanise Bombonatto*
Antonio Francisco Lelo
Copidesque: *Ana Cecilia Mari*
Coordenação de revisão: *Marina Mendonça*
Revisão: *Sandra Sinzato*
Gerente de produção: *Felício Calegaro Neto*
Produção de arte: *Tiago Filu*

1ª edição – 2018

Nenhuma parte desta obra poderá ser reproduzida ou transmitida por qualquer forma e/ou quaisquer meios (eletrônico ou mecânico, incluindo fotocópia e gravação) ou arquivada em qualquer sistema ou banco de dados sem permissão escrita da Editora. Direitos reservados.

Paulinas
Rua Dona Inácia Uchoa, 62
04110-020 – São Paulo – SP (Brasil)
Tel.: (11) 2125-3500
http://www.paulinas.com.br – editora@paulinas.com.br
Telemarketing e SAC: 0800-7010081
© Pia Sociedade Filhas de São Paulo – São Paulo, 2018

Gratidão ao Pe. Donizete José Xavier
que assistiu ao desenrolar dos conteúdos
como verdadeiro irmão.

Dedicatória

Dedico estas páginas a todas as famílias,
de modo especial aos meus irmãos:
Pedro, Maçao, Inês, Teresa e Sebastião,
a quem admiro muito pelo grande e generoso coração.

SUMÁRIO

Siglas 7

Prefácio 9

Introdução 11

Capítulo I – A prática do amor de Jesus na vida e na doutrina espiritual de Teresa: amá-lo e fazer com que todos o amem 13

    Alcançada pelo mistério do amor de Deus 14

    A Bíblia é Jesus 18

    Ciência do amor – símbolos e imagens 21

    O símbolo da flor 23

    O símbolo da lira 26

Capítulo II – Enfoque *kenótico* na doutrina e espiritualidade de Teresa de Lisieux 33

    A imagem de Deus 34

    O Espírito Santo 41

    A pequena via 43

A teologia *kenótica* na pequena via 53

O combate espiritual 56

A gratuidade da salvação 58

Capítulo III – O itinerário de cristificação na vida
de Teresa de Lisieux 61

O início da vida espiritual de Teresa 65

Início da vida de fé e as primeiras experiências 66

A noite da conversão 71

O chamado ao Carmelo 75

O abaixamento 77

A encarnação 78

Manuscrito B: a descoberta do Coração da Igreja 101

O Ato de Oferenda 106

A modo de conclusão 115

Bibliografia 117

SIGLAS

CA	Caderno Amarelo (últimos colóquios)
C	Carta
Ms A	Manuscrito A
Ms B	Manuscrito B
Ms C	Manuscrito C
O	Oração
P	Poesia
PA	Processo de Beatificação e Canonização de Santa Teresa do Menino Jesus
RP	Recreações Piedosas

PREFÁCIO

A obra da Irmã Cecilia, da Congregação das Irmãs Carmelitas Missionárias de Santa Teresa do Menino Jesus, destina-se àqueles leitores que buscam uma espiritualidade enraizada no seu tempo. Para isso, a autora nos propõe percorrer a via espiritual de Santa Teresa do Menino Jesus. Partindo do seu perfil humano e espiritual que subjaz à sua vida e doutrina, este precioso texto nos revela o segredo e a essência mais profunda do caminho espiritual da Santa de Lisieux. Conhecida como especialista na *"scientia amoris"* para a sociedade hodierna, o itinerário espiritual por ela assumido é o da conformidade com a figura crística. Nas pegadas de São Paulo, a doutora do amor se volta para o tema da "glória do Senhor", no qual o apóstolo confessa a vida, a morte e a ressurreição de Jesus.

Numa linguagem dócil, a presente obra se nos apresenta como um âmago espiritual de onde jorra um frescor evangélico que nos introduz no caminho da encarnação histórica de Deus. É aqui que se encontra o significado da *kénosis* de Deus, sua condescendência na história dos homens. A palavra *kénosis*, com seu significado de aniquilação, escondimento, é o modo que as Pessoas divinas escolheram para entrar na aventura humana.

O texto se insere no movimento da teologia espiritual, hoje presente na Igreja. Recorda-se que espiritualidade, no sentido moderno do termo, é uma palavra que suscita esperança e comprometimento. A espiritualidade aqui apresentada é toda ela trinitária. A Trindade é a revelação plena e definitiva de Deus. É o Mistério dos mistérios. Ela é a dispensadora dos dons salvíficos de que necessitamos.

As pessoas de fé encontrarão nesta obra uma atestação sólida de santidade, um convite profético e testemunhal à participação nos mistérios de Cristo. Como afirma a autora, todos estamos chamados a ser *Alter Christi*, um outro Cristo, na fidelidade de nossa missão no mundo. O texto forja a ideia do cristão como cristomorfa, ser à imagem daquele que é a Imagem por excelência.

As meditações que compõem o tecido espiritual apresentado revelam um percurso de quem viveu, no caso da Santa Tereza de Lisieux, e de quem vive, no caso de todos os leitores e interessados na via do amor, buscando uma fé madura, de quem sabe não só se questionar, mas também justificar as próprias razões da fé e do amor. Crer é um ato de amor. Segundo a etimologia medieval, significaria *"cor-dare"*, dar o coração. A presente obra nos sugere confiarmos incondicionalmente no Totalmente Outro, abandonarmo-nos nas mãos do Absoluto; oferecermos sinais de amor ao Infinito Amante.

O livro da Irmã Cecilia desenvolve o tema da espiritualidade com competência e profundidade poética. Uma atenta leitura e meditação desta obra dispensará aos leitores a contemplação pela paixão por Deus e pela humanidade.

Pe. Donizete José Xavier

Professor de Teologia dogmática na PUC-SP.
Pároco da Paróquia de Santa Maria Madalena e
São Miguel Arcanjo, na Vila Madalena, São Paulo.

INTRODUÇÃO

A fundamental e universal vocação à santidade, segundo o Vaticano II, não é privilégio de alguns. Não está reservada a uma categoria de pessoas, mas é inerente a todos os cristãos, como consequência dos compromissos batismais. Pelo Batismo, todos somos chamados à santidade cristã, que não é outra coisa senão viver o amor, chegar à plenitude do amor, da caridade.

Na busca da santidade, Teresa realizou o seu percurso, experimentando-o em primeira pessoa, através da vivência de todas as descobertas. Apresentou-nos, assim, o caminho por ela percorrido e que deu certo – a doutrina da *pequena via*. Trata-se de um *atalho*, simplificação dos caminhos da santidade propostos até então; é um caminho *reto e seguro*.

Tributária de seu tempo, Teresa procurou viver a dimensão da fé na concretude de sua realidade monástica e cultural do século XVIII.

Tantos séculos distam de Teresa e nos encontramos hoje em meio às profundas transformações do mundo em todos os níveis, sejam elas sociais, culturais, econômicas, religiosas, em que um novo *ethos* se impõe. Valores são ressignificados, paradigmas são reconstruídos, uma nova compreensão do ser entra em cena, inauguram-se possibilidades inéditas de relacionar-se com o Sagrado. Sabemos que fé é uma realidade encarnada, inculturada, o que significa afirmar que fé e cultura não são estranhas, ao contrário, se influenciam mutuamente. A fé só será pertinente se vivida a partir de um horizonte cultural. Fé não paira no ar; tem endereço, rosto, nome, raízes.

O desafio se nos impõe, assim como se impôs à Teresa. Paulo apóstolo, que exerceu forte influxo em Teresa, é fundador das primeiras comunidades cristãs. O itinerário de cristificação por ele percorrido tornou-se um exemplo paradigmático para todos que queiram realizar o desejo de unir-se com Cristo pelo amor. Os místicos João da Cruz e Teresa d'Ávila viveram no século XVI. Teresa, no entanto, conseguiu atualizar, com a sua vida, a doutrina de Paulo e dos místicos João da Cruz e Teresa d'Ávila.

No perfil humano e espiritual de Santa Teresa do Menino Jesus e da Sagrada Face subjazem a sua vida e doutrina como caminho sempre mais descendente, a exemplo do Mestre, o Verbo de Deus, que a conduziu à dinâmica de cristificação. Cristificação como processo que procura descrever a recíproca relação entre o crente e Cristo, os frutos da participação do cristão nos mistérios de Cristo, o itinerário da vida espiritual cristã como processo gradual para alcançar uma plena conformação com Cristo.

A Igreja nos apresenta Teresa de Lisieux como um exemplo paradigmático, definindo-a como *especialista na "scientia amoris"* para a sociedade hodierna.

Esta obra pretende ser uma modesta ajuda para que todos nós que somos chamados a ser um outro Cristo, possamos construir o nosso itinerário de cristificação, a exemplo de Santa Teresa do Menino Jesus e da Sagrada Face.

Capítulo I

A PRÁTICA DO AMOR DE JESUS NA VIDA E NA DOUTRINA ESPIRITUAL DE TERESA: AMÁ-LO E FAZER COM QUE TODOS O AMEM

As últimas palavras de Irmã Teresa do Menino Jesus, pronunciadas no dia 30 de setembro de 1897 e recolhidas por Madre Inês de Jesus e Irmã Maria do Sagrado Coração, resumem o que fora a vida daquela que, profeticamente, o Papa Pio X denominou a maior santa dos tempos modernos e que, em 1997, foi proclamada Doutora da Igreja pelo Papa João Paulo II.

Teresa estava perto de dar o último suspiro, afetada como estava pelo mal da tuberculose, que a fazia sofrer terrivelmente a ponto de lamentar: "Não, jamais teria acreditado que alguém pudesse sofrer tanto ... Jamais, jamais!". Suas últimas palavras, porém, olhando para o crucifixo que apertava entre as mãos, dizia a Jesus o que constituíra a sua vida: "Oh! Eu o amo ... Meu Deus ... eu vos amo".[1] Foram estas as suas últimas palavras no último ato de amor em vida, o último respiro da sua alma.

No último ano de sua vida, Teresa escrevia ao seu primeiro afilhado de oração, o seminarista Bellière: "Desejarei no céu o mesmo que desejo na terra: amar a Jesus e fazer com que o amem" (cf. C 220). Programa que ela se esforça por realizar *hic et nunc*, indo até o limite de suas forças. A última etapa de toda a sua vida de amor será cantada em *"Uma rosa desfolhada"* (P 51) e no ato de oferenda como vítima de holocausto ao amor misericordioso de 9 de junho de 1895, dois anos de sua "entrada para a vida" (cf. C 244). Teresa, voltando-se à Trindade, renovava o que fora o programa de sua vida: "Ó meu Deus! Trindade Bem-aventurada, desejo amar-vos e fazer com que vos amem".

Teresa nos revela, assim, o sentido profundo de toda a sua vida e da sua missão para a eternidade, o coração de toda a sua espiritualidade: amar Jesus e fazer com que todos o amem.

Alcançada pelo mistério do amor de Deus

O manuscrito autobiográfico C (Ms C), escrito de junho a julho de 1897,[2] e que permanece incompleto, revela a compreensão à qual Teresa chegara, experienciando na vida o que ela sempre buscara. Ela tece um comentário ao livro de Cântico dos Cânticos (Ct 1,3):

---

[1] TERESA DO MENINO JESUS E DA SAGRADA FACE. *Obras completas*. São Paulo, Loyola, 1997. Caderno Amarelo, p. 1254.

[2] TADA, C. *A pequena via de Teresa de Lisieux*. São Paulo, Paulinas, 2011.

Madre, creio ser necessário dar-vos mais algumas explicações referentes à passagem do Cântico dos Cânticos: "Atraí-me, corramos". "Ninguém", disse Jesus, "pode vir a mim, se meu Pai que me enviou não o atrair" (Jo 6,44). [...] Madre querida, eis a minha oração: peço a Jesus que me atraia às chamas do seu amor, que me una tão estreitamente a ele, que seja ele quem viva e aja em mim. Sinto que, quanto mais o fogo do amor abrasar meu coração, mais repetirei: Atraí-me! (Ms C 36f).

Recolhemos aqui o dinamismo do amor de Jesus na vida e na doutrina espiritual de Teresa: amar Jesus e fazer com que todos o amem. Alcançada pelo mistério do amor de Deus, ela deseja viver intensamente essa atração, que é pura gratuidade de Deus, para contagiar a todos com esse mesmo amor: "atraí-me, nós correremos". A atração do amor de Jesus prometido por ele mesmo: "quando eu for elevado da terra, atrairei todos a mim" (Jo 12,32) revela o cristocentrismo dinâmico de Teresa. Ela se torna simplesmente um instrumento passivo, permitindo ser um meio para que a ação de Deus se faça nela por meio do seu Espírito:

Ó Jesus, nem é necessário dizer: atraindo-me, atraí as almas que amo. Essa simples palavra: "Atraí-me", é suficiente. Compreendo-o, Senhor, quando uma alma se deixou cativar pelo odor inebriante dos vossos perfumes, não conseguiria mais correr sozinha; todas as almas que ela ama são arrastadas por ela. Isso se dá sem coação, sem esforço; é consequência natural da sua atração por vós. Assim como uma torrente que se lança com impetuosidade no oceano arrasta atrás de si tudo o que encontrou na sua passagem, assim, ó meu Jesus, a alma que mergulha no oceano sem margens do vosso amor arrasta consigo todos os tesouros que possui... (Ms C 34f).

Com o símbolo da água, da torrente, do oceano, Teresa exprime o dinamismo da ação do Espírito Santo na sua vida e na vida das pessoas que ela consegue *arrastar*. O rio de água viva (Jo 7,37.38) que brota do coração de Jesus morto e ressuscitado, faz brotar perenemente, para a Igreja, o Espírito, que é a própria vida que agora o Ressuscitado tem em plenitude e partilha conosco. O Espírito Santo é comparado à água viva vinda de um córrego constante. Ele é de todas as formas superior a todas as fontes deste mundo. Enquanto os prazeres desta vida desaparecem e acabam, o Espírito de Deus continua sendo uma fonte interior de vida e de gozo (cf. Jo 4,14; 7,37-39). É no oceano do amor de Jesus que mergulha Teresa, não sozinha, mas com uma multidão imensa de irmãos, pois ela espera a salvação de todos.

"Jesus é o meu único amor" é o que Teresa escrevera na parede de sua cela, mas sobretudo no seu coração, pois ela repete isso nos diversos momentos de sua vida, seja nos seus manuscritos, seja nas poesias e recreações piedosas (P 15; 9; 24; 34; 36; 45 e Carta 141, 1r. Cf. Ms B, 2v; RP 4, 6v, 8). Essas palavras resumem tudo aquilo que o Espírito Santo escreveu no seu coração desde a infância e, segundo sua expressão, *cresceu com ela*. Trata-se da interpretação cristológica da afirmação central da revelação: "Deus é amor" (1Jo 4,8). Toda a doutrina espiritual de Teresa se refere ao Mistério de Deus Amor, vivido e contemplado na comunhão com Jesus.

> Sabeis, Deus meu, nunca desejei nada senão vos amar; não almejo outra glória. Vosso amor preservou-me desde a minha infância, cresceu comigo e, agora, é um abismo cuja profundeza não posso avaliar. O amor atrai o amor, por isso, meu Jesus, o meu se lança para vós; queria encher o abismo que o atrai, mas ai! não é nem uma gota de orvalho perdida

no oceano!... Para amar-vos como me amais, preciso tomar de empréstimo o vosso próprio amor (Ms C 35f).

Teresa continua a reflexão em torno das palavras: "atraí-me, nós correremos", aplicando um outro símbolo do Espírito Santo: o fogo. O fogo era um sinal da presença do Espírito (At 2,3); uma evidência da presença do Senhor (Ex 3,2), da sua aprovação (Lv 9,24) e da sua proteção (Ex 13,21).

O que é pedir para ser *atraído*, senão se unir de maneira íntima ao objeto que cativa o coração? Se o fogo e o ferro tivessem raciocínio, que este último dissesse ao outro: Atraí-me, não provaria que deseja identificar-se com o fogo de maneira que o penetre e o impregne da sua ardente substância e passe a fazer um só com ele? Madre querida, eis a minha oração: peço a Jesus que me atraia às chamas do seu amor, que me una tão estreitamente a ele, que seja ele quem viva e aja em mim. Sinto que, quanto mais o fogo do amor abrasar meu coração, mais repetirei: "Atraí-me". Mais as almas se aproximarem de mim (pobres pequenos escombros de ferro inúteis, se eu fosse afastada do braseiro divino), mais rápido correrão em direção ao odor dos perfumes do seu Bem-amado, pois uma alma abrasada de amor não pode permanecer inativa (Ms C 36 f).

Eis o segredo de Teresa, inflamada pelo amor de Jesus, divinizada pelo Espírito Santo. Esse amor de Jesus é inseparavelmente amor ao próximo. Não se pode amar Jesus sem amar o próximo. Não se pode amar a Jesus sem fazer com que outros o amem também. O amor de Jesus é missionário. É o sentido que Teresa quer dar quando diz: "uma alma abrasada de amor não pode permanecer inativa".

No entanto, na sua atuação e influência junto às almas que ela deseja que se abrase, o alvo é o amor de Jesus, cujo fogo é alimentado na fonte de Deus, que é amor, e sua energia passa como que por uma corrente por identificação: "fazer um só com ele por atração".

O Papa Bento XVI concluía a sua catequese (Audiência geral de 2 de dezembro de 2009), citando Santa Teresa do Menino Jesus, Doutora da Igreja, pela oração da santa:

> Ah, divino Jesus, sabeis que vos amo sim! O Espírito de Amor me abrasa em chama ardente. Somente enquanto vos amo, o Pai atraio a mim. Que ele, em meu coração, eu guarde a vida inteira. Tendo a vós, ó Trindade, como prisioneira do meu amor!… Viver de amor é dar, dar sem medida, sem reclamar na vida recompensa. Eu dou sem calcular, por estar convencida de que quem ama nunca em pagamento pensa!… Ao Coração Divino, que é só ternura em jorro. Eu tudo já entreguei! Leve e ligeira eu corro. Só tendo esta riqueza tão apetecida: Viver de amor! (P 17, estr. 2 e 5).

O amor produz atração e comunhão até o ponto da transformação e assimilação entre o sujeito que ama e o objeto amado. Essa reciprocidade de afeto e de simpatia permite um conhecimento muito mais profundo do que aquele processado pela razão. No conhecimento de Deus e dos seus mistérios que superam a capacidade de compreensão de nossa inteligência, só é possível conhecer Deus se o amamos.

A Bíblia é Jesus

Teresa vem citada ainda pelo Papa Bento XVI no documento *Verbum Domini*, n. 48:

Santa Teresa do Menino Jesus encontra o amor como sua vocação pessoal, quando perscruta as Escrituras, em particular os capítulos 12 e 13 da Primeira Carta aos Coríntios; e a mesma santa assim nos descreve o fascínio das Escrituras: *Apenas lanço o olhar sobre o Evangelho, imediatamente respiro os perfumes da vida de Jesus e sei para onde correr* (Ms C, 35 v).

A expressão citada pelo papa nos faz compreender a leitura orante que Teresa faz do Evangelho no sopro do Espírito Santo, a ponto de "materializar", isto é, explicitar concretamente a sua experiência mística no "respiro" dos perfumes da vida de Jesus.

Como Jesus voltou ao céu, só posso segui-lo pelas pistas que deixou. Como são luminosas essas pistas, como são perfumadas! Basta lançar o olhar nos santos Evangelhos, que logo respiro os perfumes da vida de Jesus e sei a que lado me dirigir... (Ms C 36 v).

Sente "odor" e vê tanta "luminosidade". Esse "respiro", essa "luminosidade" são o contínuo ato de amor, constantemente unido aos atos de fé e de esperança. Teresa adentra nos Mistérios de Jesus, revelados no Evangelho de modo simples e essencial. A sua familiaridade com as Sagradas Escrituras leva-a a apropriar-se delas como sendo suas próprias palavras:

Eis, Senhor, o que queria repetir para vós antes de voar para os vossos braços. Talvez seja temeridade. Mas há algum tempo permitis que seja audaciosa convosco. Como o pai do filho pródigo, falando para seu filho primogênito, dissestes-me: *"Tudo o que é meu é teu"*. Portanto, vossas palavras são minhas e posso servir-me delas para atrair sobre as almas, que me são unidas, os favores do Pai celeste (Ms C 34 v).

Temos exemplos nas suas poesias evangélicas, sobretudo na poesia "Recorda-te, Jesus, meu Bem-amado" (P 24) e "Porque te amo, Maria!" (P 54). Nesses textos, Teresa não faz outra coisa senão se apropriar dos textos do Evangelho em atitude orante, dirigindo-se a Jesus e a Maria. É fruto de um percurso de que ela mesma se deu conta mantendo-se fiel, como nos vem revelado:

> Ah! quantas luzes encontrei nas obras do Nosso Pai São João da Cruz!... Aos 17 e 18 anos, não tinha outro alimento espiritual, depois, todos os livros deixaram-me na aridez. Ainda estou nesse estado. Quando abro um livro composto por um autor espiritual (até o mais bonito, o mais emocionante), sinto logo meu coração apertar-se e leio-o sem, por assim dizer, compreender ou, se compreendo, meu espírito para sem poder meditar... Nesses momentos, a Sagrada Escritura e a Imitação vêm socorrer-me; nelas encontro um alimento sólido e totalmente puro. Mas é sobretudo o Evangelho que me sustenta nas minhas orações; nele encontro tudo o que é necessário para minha pobre alminha. Sempre descubro novas luzes, sentidos ocultos e misteriosos... (Ms A 83 f e v).

Tributária de seu tempo, em que as monjas não tinham acesso ao uso da Bíblia, Teresa usa da criatividade para alimentar-se da Palavra através dos livros das Escrituras copiados e dos trechos publicados nos almanaques. Faz sua leitura não científica, mas entra no coração da Sagrada Escritura, deixando-se alcançar pelo mistério, como ela mesma afirma:

"sempre descubro novas luzes, sentidos ocultos e misteriosos". Possuidora de sentido agudo e perspicaz, ela percebe as diferentes traduções e, encontrando dificuldade na compreensão, chega a dizer: "Se eu fosse padre, teria estudado o hebreu e o grego para pode ler a Palavra de Deus, tal como ele se dignou expressá-la na linguagem humana".[3]

Teresa é dotada de um grande "intuito bíblico". O Espírito Santo, nela atuando, a levava a descobrir uma maravilhosa correspondência entre sua vida e o que ela lia no Evangelho. Teresa medita simplesmente a Palavra de Deus para descobrir o pensamento, a vontade do Senhor. Não são apenas luzes ou respostas que Teresa procura nas Escrituras. Ela procura, principalmente, a palavra do Amado. Quando diz que nos Evangelhos encontra tudo aquilo que é necessário, é porque ela entendeu que a Palavra solicitava sua resposta de fé, aqui e agora. Eis por que Teresa ama as Escrituras: nelas encontra Jesus. Junto ao Evangelho, faz uma contínua referência também à Eucaristia em todos os seus escritos.

Ciência do amor – símbolos e imagens

A ciência do amor de Teresa se exprime na forma de uma teologia narrativa e simbólica. A sua profunda doutrina não é expressa em um tratado, mas em uma narração, com linguagem simples mais o concreto dos símbolos e das imagens. É uma maravilhosa síntese teológica de to-

---

[3] Caderno Amarelo, 4 de agosto: "Somente no céu conheceremos a verdade sobre todas as coisas. Aqui, na terra, é impossível! Mesmo quanto à Sagrada Escritura: não é triste se deparar com tantas diferenças de tradução? Se eu tivesse sido sacerdote, aprenderia o hebraico e o grego, não me contentaria com o latim; tomaria assim conhecimento do verdadeiro texto ditado pelo Espírito Santo".

dos os Mistérios de Deus e do homem em Jesus Cristo. O cristocentrismo de Teresa abraça todos os campos: o da dogmática, da moral, fundamental, espiritual, bíblica. Para ela, "Jesus é tudo" (C 109); "Quem tem Jesus, tem tudo" (P 18 bis). E pede na oração: "Tu, Jesus, sejas tudo!" (O 2), repetindo: "Em ti eu tenho o céu, a terra e tudo" (P 18, 36 e 39). Essa sua expressão simbólica: "Escolho tudo!" (Ms A 10 f) aplica-se ao Mistério de Jesus. Nele estão reunidos todos os Mistérios de Deus e do homem: a Trindade, a criação e a salvação, o cosmo e a história. É a total verdade de Deus e do homem que resplandece no amor. Aplicando a expressão de Santo Agostinho: "Tu vês a Trindade, se vês a caridade" (De Trinitate, VIII, 8, 12), pode-se dizer: "Tu vês Jesus, se vês a caridade" – Jesus *Um da Trindade*, Criador e Salvador, Verdadeiro Deus e Verdadeiro Homem, Filho eterno do Pai, feito Filho de Maria e Esposo da Igreja por obra do Espírito Santo, presente na Eucaristia, na sua Palavra e no próximo...[4]

Nos escritos de Teresa, o nome de Jesus é o nome Divino, utilizado comumente como sinônimo do nome de Deus. O nome de Deus indica algumas vezes toda a Trindade ou a pessoa do Pai ou a do Espírito Santo, mas sempre na perspectiva cristocêntrica. A pessoa de Jesus permanece como ponto de aplicação central do ato de amor, com a repetição "Jesus, te amo ... amando a ti", mas com referência às duas Pessoas divinas, o Pai e o Espírito. É primariamente amando Jesus que Teresa vive na comunhão da Trindade. Contempla Jesus no centro da Trindade, do cosmo e da história como Criador e Salvador. Jesus é o criador do homem e se fez homem para salvá-lo, cobrindo-o com seu amor. A antropologia teresiana é uma antropologia cristológica que

---

[4] Cf. LÉTHEL, F. M. *La Luce di Cristo nel cuore dela Chiesa*. Roma, Editrice Vaticana, 2011, pp. 99-114.

sintetiza fortemente os pontos de vista da criação e da salvação, da natureza e da graça. Tudo isso é expresso através de dois grandes símbolos antropológicos: a *flor*, que é o símbolo da humanidade na sua condição terrena, e a *lira*, que é símbolo do coração humano.[5]

O símbolo da flor

A flor é um símbolo inesgotável que Teresa utiliza referindo-se ao livro da Sagrada Escritura e ao livro da natureza (Ms A 2). A flor é ela mesma: "É só para vós que vou escrever a história da florzinha colhida por Jesus" (Ms A 3v). Esse símbolo é aplicado também a toda a humanidade e, sobretudo, a Jesus em todos os mistérios da sua vida terrena. Ele permite a Teresa expressar de modo particular a realidade do corpo humano e da corporeidade. Na época em que os ambientes católicos faziam tanta restrição à questão corpórea, Teresa, com toda a simplicidade e liberdade, usa o símbolo da flor para expressar a realidade corpórea da encarnação: "Maria que dá o seio a Jesus".

Tu és, meu bom Jesus, flor primorosa
Que assim contemplo apenas entreaberta;
Tu és, Jesus, a cativante rosa,
Rubro botão de graça que desperta!

Os braços puros de tua Mãe querida
São teu berço, trono real!
Teu doce sol é o seio de Maria,
E o orvalho é o leite virginal!... (P 1, 3).

---

[5] Esses dois símbolos são explorados e apresentados de forma exaustiva no livro de Pe. François Marie Léthel, com o título *L'Amore di Gesú: La cristologia di santa Teresa di Gesù Bambino*. Roma, Libreria Editrice Vaticana, 1999.

Como a flor cresce com o calor do sol e é alimentada pelo orvalho da manhã, assim Jesus recém-nascido é "a flor apenas entreaberta". Ela continua: "teu doce sol é o seio de Maria, e o orvalho é o leite virginal!". Esse orvalho torna-se o sangue de Jesus: é o mesmo "orvalho divino" que ele derramará quando estiver "sobre a cruz, ó Flor Desabrochada":

Mas sobre a cruz, ó Flor Desabrochada,
Eu reconheço teu perfume matinal
Eu reconheço o orvalho de Maria
Teu sangue divino é o leite virginal.

Esse orvalho se oculta no santuário,
O Anjo do céu o contempla jubiloso,
Oferecendo a Deus sua sublime oração,
Dizendo, com São João: "Ei-lo!".

Sim, ei-lo, o Verbo feito hóstia,
Sacerdote eterno, Cordeiro sacerdotal,
O Filho de Deus é o Filho de Maria,
O Pão do Anjo é o leite virginal (P 1, 4.5).

Esse orvalho se oculta no santuário, isto é, o orvalho que nos deixa na Eucaristia, sacramento do seu Corpo e do seu Sangue. Na Poesia 24, Teresa recolhe esse mesmo *orvalho de amor:*

Recorda-te da noite da agonia...
Teu sangue misturando-se a teus prantos.
Esse orvalho de amor de valor infinito,
Fazendo germinar só flores virginais.

Um anjo, então, te mostrou esta seara escolhida
E assim fez renascer a alegria em teu rosto.
Ah, Senhor, tu me viste
No meio de teus lírios...

Recorda-te!
Recorda-te do orvalho tão fecundo
Virginizando o cálice das flores
E tornando-as capazes, neste mundo,
De gerar multidões de corações.

Sou Virgem, ó Jesus! No entanto, que mistério!
Com minha união a ti me torno Mãe das almas.
Das flores virginais
Que salvam pecadores,
Recorda-te! (P 24, 21-22).

Teresa evoca Jesus no Getsêmani. O sangue e o suor da agonia faz parir na dor as flores virginais tornando-as fecundas, sendo ela mesma uma delas: "Recorda-te do orvalho tão fecundo, virginizando o cálice das flores. Tu me viste no meio de teus lírios". E, com audácia, exprime o mistério da sua esponsalidade e da sua maternidade virginal: "E tornando-as capazes, neste mundo, de gerar multidões de corações; com minha união a ti me torno Mãe das almas".

Na poesia "Uma rosa desfolhada" (P 51), uma das últimas, Teresa transforma em ato de fé e de amor por Jesus o terrível pensamento do *nada* que, por dezoito meses, a invade até ao final da vida. Teresa consegue exprimir através do símbolo da flor a realidade humana do corpo, do amor, do sofrimento e da morte.

O símbolo da lira

Teresa é uma mulher plenamente realizada no amor. Em uma comunhão plena com Jesus Esposo, com Jesus Filho, com Jesus Irmão, ela ama com todo o seu coração de mulher: Esposa e Mãe, Filha e Irmã. Compara o seu coração a um instrumento de corda: uma lira vibrada pelo amor de Jesus:

Fazes vibrar as cordas de tua lira,
Que é, meu Jesus, meu próprio coração!
Então, posso gozar tuas misericórdias,
Cantar a força e a doçura (P 48, 5).

O coração de Teresa é como um violino de quatro cordas: amor esponsal e materno, amor filial e fraterno. Trata-se de uma profunda verdade antropológica: cada mulher tem um coração de esposa e de mãe, de filha e de irmã, como cada homem tem um coração de esposo e de pai, de filho e de irmão. Isso constitui um traço essencial da imagem e semelhança de Deus amor no coração humano.

O amor esponsal é a primeira corda. O sinal do amor esponsal é possuir um coração inflamado de amor por Jesus Cristo e sempre desejar mais, pois, quando se ama assim, sempre se considera pouco e se anseia amar mais. No coração de Teresa, a corda do amor esponsal encontra-se em primeiro lugar. É a mais alta, a dominante, pois, para Teresa, viver o amor esponsal com Jesus é amá--lo e deixar-se ser amada por ele de modo indiviso. É ter um coração em que a plenitude é ser todo dele. O título cristológico que faz vibrar essa corda é a expressão bíblica de Esposo. Teresa foi introduzida no noviciado para fazer vibrar com liberdade essa corda do amor esponsal: amar Jesus com todo o seu coração de esposa. Pudemos perceber como Teresa ama servir-se do livro do Cântico dos

Cânticos. Através desse texto inspirado, o Espírito Santo faz vibrar a corda do amor esponsal do coração de modo vibrante, puro e belo. O Espírito Santo que procede como amor recíproco de Jesus Filho e do Pai na Trindade, vem enviado como amor recíproco de Jesus Esposo da Igreja, sua Esposa. No coração de Teresa, essa corda esponsal exprime o amor mais apaixonado, mais ardente para a pessoa de Jesus. Como esposa, ela é loucamente apaixonada por ele, tornando-se testemunha luminosa da virgindade cristã, a mais alta realização da esponsalidade humana no amor de Jesus.

Para Teresa, o coração humano é essencialmente caracterizado pelo amor, por uma capacidade infinita de amar e de ser amado. A carmelita experimenta essa realidade no seu próprio coração:

> É incrível como meu coração me parece grande quando considero todos os tesouros da terra, pois vejo que todos reunidos não conseguiriam satisfazê-lo, mas, quando considero a Jesus, como me parece pequeno!... Gostaria tanto de amá-lo!... Amá-lo como jamais foi amado!... (C 74).

A natureza profunda do coração humano é a sua capacidade de Deus. Teresa compreende essa capacidade como capacidade do amor de Jesus. A sua capacidade de amor pode ser preenchida somente por Jesus – Deus Homem. Encontramos nos seus escritos uma maneira original de responder à clássica questão do motivo da encarnação. Na sua poesia "Ao Sagrado Coração de Jesus" (P 23), a carmelita afirma a necessidade dos mistérios da encarnação, da cruz e da Eucaristia a partir *do seu mesmo coração*, levada pelo desejo de amar e de ser amada:

Desejo um coração ardente de ternura,
Que um apoio me dê sem nada reclamar,
Amando tudo em mim, até minha impotência
E noite e dia assim, sem nunca me deixar.

Jamais encontrei nenhuma criatura
Que pudesse me amar, mas sem poder morrer:
Um Deus deve tomar a minha natureza,
Tornar-se meu irmão para poder sofrer.

Tu me escutaste, amigo único que amo,
Tornando-te mortal para me conquistar;
Derramaste teu sangue, mistério supremo!...
E todavia vives para mim no altar (P 23, 4-5).

Teresa demonstra, assim, que ninguém, nenhuma criatura pode realizar a salvação do homem. Foi necessário um Deus Homem para "satisfazer" todas as exigências da salvação do homem. Fazendo-se homem, derramando o seu sangue na cruz e dando-nos o seu Corpo e o seu Sangue na Eucaristia, o Filho de Deus "satisfaz" todas as exigências da justiça misericordiosa do Pai e preenche o coração do homem com o seu amor. É um coração de irmã e de esposa que exige a encarnação, a cruz e a Eucaristia.

Em Teresa, como em todos os místicos, esse amor virginal integra a dimensão do Eros, transformado em Ágape, isto é, amor incondicional. É o amor apaixonado que se exprime com a simbólica esponsal e que tem como objeto principal a beleza do ser amado. Ela exprime frequentemente o seu amor de esposa pela beleza suprema de Jesus, Verbo Encarnado, Deus Homem, especialmente nas cartas, nas poesias e nas recreações piedosas. Sem nenhuma visão, mas através da fé mais obscura, na aridez, como ela mesma revela: "Quando canto a felicidade do céu, a eterna posse de Deus, não sinto alegria alguma, pois só canto o que quero crer...". Teresa experimenta no amor a maravilhosa beleza do Esposo, ficando sempre mais apaixonada por sua beleza:

Sou tua esposa querida,
Amor, vem viver em mim.
Tua beleza conquistou-me,
Vem me transformar em ti!... (P 25).

Meu Bem-amado, beleza suprema,
Tu te entregas todo a mim,
Mas eu, em troca,
Te amo, Jesus,
E minha vida é um só ato de amor! (P 28).

Teresa interpreta essa esponsalidade cristológica na perspectiva do celibato consagrado. O celibatário é aquele a quem o Senhor escolhe para, de modo especial, experimentar essa graça do amor esponsal. O celibatário tem de estar impregnado do desejo de estar com Jesus, de senti-lo demonstrando seu amor de maneira especial, como só ele é capaz! É preciso estar totalmente seduzido por esse amor, livre, com a preocupação exclusiva de agradar o Amado. Nos escritos de Teresa, esse amor esponsal a Jesus tem um caráter de amor apaixonado, ciumento, exclusivo. Falando de si, escreve: "quis amar, amar Jesus com paixão" (Ms A 47 v). À sua prima Maria Guerin, escreve: "Teu coração é feito para Jesus, para amá-lo apaixonadamente" (C 92).

Para Teresa, a segunda corda é o amor materno, é *esposa e mãe, esposa para ser mãe. O amor esponsal a Jesus é fonte de maternidade espiritual: é um amor fecundo. Paradoxalmente, essa intimidade pessoal e exclusiva do amor esponsal é a mais profunda abertura do coração a todos os homens na dimensão do amor materno.* Assim ela define a sua vocação: "Ser tua esposa, ó Jesus; ser carmelita; ser, pela minha união a ti, a mãe das almas" (Ms B 2 v).

A sua primeira experiência de maternidade espiritual dá-se com Pranzini, um condenado que ela denomina "meu primeiro filho" (Ms A 45 v). Recordamos a Poesia 24 em que Teresa releva o orvalho fecundo que virginiza o cálice das flores, tornando-as capazes, neste mundo, de gerar multidões de corações. Reforçamos ainda o termo usado por Teresa: "Sou Virgem, ó Jesus! No entanto, que mistério! Com minha união a ti me torno mãe das almas". É forte a afirmação de Teresa: "Sou Virgem ... sou mãe". Na recreação piedosa, intitulada "A fuga do Egito" (RP 6), Teresa revela a maternidade de seu coração no relato trágico e cômico. Como mestra, Teresa manifestou também um verdadeiro amor materno, um amor forte, terno e muito exigente às suas noviças. Um amor para *arrastar* todas a Jesus e jamais para si mesma. Essa maternidade espiritual é radicalmente cristocêntrica. É um dos aspectos principais do cristocentrismo dinâmico de Teresa como mistério de amor.

O amor filial constitui a terceira corda. Teresa, esposa de Jesus, Filho do Pai e de Maria, partilha profundamente o seu amor filial pelo Pai, *Abbá*. Com essa palavra, podemos dizer que, no coração humano de Jesus, a corda filial ocupava o primeiro lugar. O seu fundamental amor era o amor pelo Pai, fundamento de seu amor de Salvador e de Esposo para a Igreja, por toda a humanidade redimida. No coração humano de Jesus, esse amor filial se exprime essencialmente como obediência, obediência ao Pai até a morte de cruz, mas também como obediência, submissão a Maria e José.

Teresa vive profundamente essa obediência humilde, confiante e amorosa, mostrando como o amor filial é a alma da obediência e também da pobreza evangélica, assim como o amor esponsal é a alma da castidade.

A quarta corda, a do amor fraterno, é também uma corda essencial do coração humano. Na experiência de Teresa, a descoberta da caridade como amor fraterno é a sua última grande descoberta, ao final de sua vida, como o descreve no Manuscrito C:

> Este ano, Madre querida, Deus deu-me a graça de compreender o que é a caridade. Compreendia antes, mas de maneira imperfeita, não tinha aprofundado esta palavra de Jesus: "O segundo [mandamento] é semelhante a este: 'Ama o teu próximo como a ti mesmo'" (Ms C 11 v).

Teresa não fez nenhum estudo sobre relações humanas, relação intra ou interpessoal, mas ela encontra respostas e soluções para cada situação na fonte que é o amor de Deus. O amor é vivenciado nas mais difíceis e complicadas situações de relacionamento humano, na pura gratuidade do amor, cuja fonte é Deus. A capacidade do amor é a medida do amor de Jesus Cristo que nos deixa no seu mandamento do amor: "que vos ameis uns aos outros, como eu vos amei" (Jo 13,34). A corda do amor fraterno do seu coração se manifesta também no amor aos pecadores e ateus:

> Senhor, vossa filha entendeu vossa divina luz, pede-vos perdão pelos seus irmãos, aceita comer, pelo tempo que quiserdes, o pão da dor e não quer levantar-se desta mesa coberta de amargura, onde comem os pobres pecadores antes do dia marcado por vós... (Ms C 6 f).

Na comunhão à pessoa de Jesus e à sua obra de salvação, Teresa se abre a todas as dimensões da sua humanidade para a sua realização no amor, como Esposa e Mãe, Filha e Irmã.

Capítulo II

ENFOQUE *KENÓTICO* NA DOUTRINA E ESPIRITUALIDADE DE TERESA DE LISIEUX

No capítulo anterior, pudemos vislumbrar a sinfonia de amor composto por Teresa ao som da lira, com quatro cordas, e contemplar o cenário ilustrado com as mais diversas flores que, simbolicamente, deram significação e sentido à sua vida, longe de todo romantismo ilusório, mas uma vida pautada com o realismo de sua opção.

Sem pretensão, queremos contemplar a espiritualidade que subjaz à doutrina da pequena via proposta com profunda convicção e certeza por Teresa. Enfim, queremos contemplar o rosto do Deus de Jesus Cristo que ela tanto amou. Teresa, em tão pouco tempo, conquistou a maturidade humana e espiritual, a que tantos, como ela mesma afirma, com a idade avançada não conseguiram chegar.

A maioria dos autores[1] e estudiosos é unânime em afirmar que vida, mensagem, doutrina e espiritualidade

---

[1] Entre alguns: G. Gennari, J. Lafrance, C. Meester, G. Gaucher, J. F. Six, H. U. von Balthasar, E. Zoffoli, I. Gorres.

de Teresa são uma coisa só. Não se pode absolutamente cindi-las. Toda a obra de Teresa de Lisieux não pode ser lida como um tratado, separada da sua história e experiência vivida. Dos seus escritos se deduzem verdades especulativas,[2] pois, antes mesmo de falar sobre os mistérios cristãos, ela já os experimentara vivendo-os, praticando-os na sua vida cotidiana.[3] A sua obra não é uma teoria elaborada apenas com a razão, mas trata-se de uma vivência, fruto da integração dinâmica da mente, do coração, dos sentimentos e da vontade, em uma relação profunda entre Deus e Teresa, reciprocidade tornada possível pela fé. Ela não analisa as suas experiências, mas, sim, narra-as, canta-as, e, para isso, usa o método narrativo de caráter simbólico,[4] como já o acenamos.

Os escritos de Teresa de Lisieux são uma verdadeira fonte doutrinal. Existe uma vasta literatura sobre a sua doutrina, mensagem e espiritualidade, por isso, mais do que explorar e aprofundar toda a riqueza do seu conteúdo, limitamo-nos ao enfoque que nos permite encontrar a raiz de onde brota a força da vitalidade de sua espiritualidade. Qual imagem do Deus de Jesus Cristo traça o *pequeno caminho* por ela percorrido? Quem é o Jesus que tanto ela ama?

A imagem de Deus

Bento XVI, em seu livro *Jesus de Nazaré*, no capítulo que aborda as tentações de Jesus, coloca uma

---

[2] Cf. MARIE EUGÈNE DE L'ENFANT JÉSUS, *Il tuo amore è cresciuto con me. Un genio spirituale Teresa di Lisieux*. Roma, Morena, 2004, p. 104.

[3] Cf. MOSTARDA, P. *La simbolica della natura nella teologia di Santa Teresa di Lisieux*. Roma, Morena, 2006, p. 67.

[4] Cf. LÉTHEL, F. M. *L'amore di Gesù*. Città del Vaticano, Editrice Vaticana, 1999.

grande questão que o acompanha ao longo do seu livro. Não nos detemos na questão levantada, mas na simples resposta que mudou o rumo da história da humanidade de tantos que, como Teresa de Lisieux, foram alcançados pelo mistério:

> Mas, então, o que é que Jesus realmente trouxe, se não trouxe a paz para o mundo nem bem-estar para todos, nem um mundo melhor? O que é que ele trouxe? E a resposta é dada de um modo muito simples: Deus. Ele nos trouxe Deus. Ele trouxe aos povos da terra o Deus cujo rosto lentamente tinha antes se desvelado desde Abraão passando por Moisés e pelos profetas até a literatura sapiencial; o Deus que apenas em Israel havia mostrado o seu rosto e que, no entanto, tinha sido venerado sob múltiplas sombras entre os povos do mundo; este Deus, o Deus de Abraão, de Isaac e de Jacó, o verdadeiro Deus. Ele nos trouxe Deus: agora conhecemos o seu rosto, agora podemos chamar por ele. Agora conhecemos o caminho que, como homens, devemos percorrer neste mundo. Jesus trouxe Deus, e assim a verdade sobre o nosso fim e a nossa origem; a fé, a esperança e o amor.[5]

"Jesus trouxe Deus, e assim a verdade sobre o nosso fim e a nossa origem; a fé, a esperança e o amor": esta é a resposta à questão. Essa resposta a intuiu Teresa e, por isso, após experimentar o percurso, disse que o seu pequeno caminho é direto e seguro. Podemos entrever a sua segurança porque ela procurou a fonte principal, que é a Bíblia, nela buscando a revelação de Deus na humanidade de Jesus de

---

[5] RATZINGER, J. *Jesus de Nazaré*. São Paulo, Planeta, 2007, p. 54.

Nazaré. É pela intuição que ela chega à conclusão de que o conhecimento mais íntimo de Deus, que é o sentido da sua vida, só poderia alcançá-lo por meio de Jesus Cristo, o Filho de Deus, a partir daquilo que ele nos revelou sobre Deus, Uno e Trino.

A verdade sobre Deus somente Jesus conheceu e permite a quem ele quer dar a conhecer (Jo 1,18). É em Jesus Cristo que temos a plenitude dessa revelação. Nele temos toda a humanidade de Deus e a nossa humanização que se faz "divina". Isso somente é possível pela fé e pela intimidade para com Deus, assim como ele nos ensina a vermos Deus como Pai. Por isso, temos nele a imagem de Filho e nele nos tornamos filhos no Filho. E, por conseguinte, o próprio Cristo nos doa o Espírito Santo, pois ele, que foi o ungido, é o único que o pode dar. E assim o envia aos seus e àqueles a quem ele quer.

Nos escritos de Teresa, Jesus é prevalentemente Deus. Nos últimos anos da sua vida, pode-se perceber a distinção das três Pessoas da Santíssima Trindade, não deixando de ser trinitária a sua doutrina. Podemos encontrar pistas dessa consciência da sua relação com a Santíssima Trindade em expressões como: "Jesus nos chama. Ele quer contemplar-nos à vontade, mas não está sozinho, com ele, as duas outras Pessoas da Santíssima Trindade vêm tomar posse da nossa alma" (C 165); "Mas também que felicidade pensar que Deus, a Trindade inteira, olha para nós, que está em nós e se compraz em nos considerar" (C 165); "Que ele, em meu coração, eu guarde a vida inteira!/ Tendo a vós, ó Trindade, como prisioneira/ Do meu Amor!..." (P 17, 2). Que relação Teresa instaurou com cada uma das Pessoas da Trindade?

O Pai

São João inicia o seu Evangelho com as palavras: "No princípio era o Verbo". Partindo do Evangelho, Cantalamessa,[6] frade capuchinho e teólogo, diz que o princípio de tudo não é o Verbo, mas a pessoa do Pai. O Pai é a fonte, a origem absoluta do movimento de amor. O Deus único dos cristãos é, portanto, o Pai, não isolado, mas o Pai sempre em ato de gerar o Filho e dar-se a ele com um amor infinito que os une a ambos e que é o Espírito Santo.

O Cardeal Kasper, teólogo, afirma que o Antigo Testamento encontra no Novo o seu insuperável cumprimento, propriamente porque o termo Pai ou o *Pai* agora qualifica a designação de Deus mesmo. Nos Evangelhos a palavra *pai*, para qualificar Deus, a encontramos na boca de Jesus não menos de 170 vezes. O termo é atribuído a Jesus mesmo. Diz ainda, referindo-se a Deus: Jesus dizia *meu Pai*, *vosso Pai* e também *o Pai* ou *o Pai celeste*. Jesus mesmo e Jesus somente é aquele que nos abre a Deus Pai e nos ensina e autoriza a rezar a ele, invocando-o como *Pai* nosso.[7] É preciso dar um passo além para o passo oferecido em Jesus Cristo: "Ninguém conhece o Pai, a não ser o Filho e aquele a quem o Filho o quiser revelar" (Mt 11,27).

Tanto Kasper quanto Bento XVI,[8] referindo-se ao termo *pai*, dizem começarmos o *Pai-Nosso* com uma grande consolação, pois podemos dizer *pai*. Nessa única palavra está contida toda a história da redenção. Nós podemos dizer pai porque o Filho era nosso irmão e nos revelou o Pai; porque

---

[6] CANTALAMESSA, R. *O rosto da misericórdia*. São Paulo, Paulus, 2016.

[7] Mt 6,9. Cf. KASPER, W. *Il Dio di Gesù Cristo*. Brescia, Queriniana, 2011.

[8] Obras citadas.

nos tornamos de novo filhos de Deus através da ação de Jesus. Para muitos, porém, a grande consolação da palavra *pai* não é tão importante, porque a experiência do pai está de muitos modos ou totalmente ausente ou obscurecida pela insuficiência dos pais. Insistem, por isso, na real aprendizagem com Jesus do que realmente *pai* significa.

Anos antes da canonização dos pais de Teresa, ao visitar o túmulo deles, ao lado da basílica a ela consagrada, impressionava contemplar a imagem da santa com os dizeres: "Deus me deu um pai e uma mãe mais dignos do céu do que da terra" (C 261). Trata-se de um trecho da carta que Teresa dirigiu ao Pe. Bellière, em 26 de julho de 1897. Na mesma carta, referindo-se ao pai, Teresa concluía: "aquele que vivia só para Deus". Essa conclusão nos permite entrever o alcance do horizonte do advento do senhorio de Deus proclamado por Jesus e que encontra espaço no coração humano, permitindo Deus ser Deus na vida dele. Assim deve ter sido o pai de Teresa. O Reino de Deus vem dado (Mt 21,43; Lc 12,32), ou também confiado (Lc 22,29). O Reino de Deus é um milagre que somente Deus opera, cabendo a nós somente nos dispor a aceitá-lo, convertendo-nos e abrindo-nos à fé.

Em seus manuscritos, Teresa registra que, ainda criança, sente a presença de Deus nos fenômenos da natureza. A sua onipotência e transcendência manifestavam-se nos trovões, nos relâmpagos (cf. Ms A, 14 v-15v). Também o mar, com a sua majestade e fragor, lhe falava de Deus e de seus atributos, da sua grandeza e do seu poder: "Eu tinha 6 ou 7 anos, quando papai nos levou a Trouville. Nunca esquecerei a impressão que o mar me causou. Não conseguia desviar os olhos, sua majestade, o rugido das ondas, tudo evocava a grandeza e o poder de Deus" (Ms A 21 v).

É significativo que essas suas experiências aconteçam na presença de seu pai terreno e que o seu uso da palavra Pai – menino –, para indicar a relação com Deus, seja inserido na descrição da figura paterna de Luís Martin (Ms A 21 v). Teresa se inspira na figura do pai e dele faz passagem a um outro Pai, Deus onipotente e transcendente (cf. C 58). Ela ama dirigir-se a Deus com a palavra *pai* ou *papai*, mesmo que não o tenha feito frequentemente (cf. Ms B, 1f; C 258; C 226; P 15). Para superar a aridez, ela se serve da oração do Pai-Nosso, rezado lentamente para alimentar o seu espírito (cf. Ms C 25 v). Para ela, o céu consiste em "permanecer sempre em sua presença, chamando-o de Pai e sendo sua filha" (P 32, 4). Para Teresa, o Pai é a fonte da divindade e das missões do Filho e do Espírito Santo.[9] Para ela e para toda a humanidade, Deus Pai se manifesta e age como o Pai misericordioso, o Pai das misericórdias.[10]

Tomando distância do jansenismo que pregava o Deus Juiz, o Deus da Justiça, para ela, ele é sempre o Pai e o amor misericordioso. A justiça que ela contempla passa pelo filtro da misericórdia infinita, que parece revestir-se sempre de amor (Ms A 83 v). É misericórdia infinita porque o seu amor é gratuito. Portanto, a gratuidade é a definição da misericórdia de Deus, daquele que não exige os méritos da pessoa, mas a ama gratuitamente com o seu amor infinito, esperando que se deixe amar.

Teresa vive e experimenta na própria vida essa verdade sobre a misericórdia de Deus. Os seus manuscritos relatam toda a sua vida, e como ela diz: "começo a cantar o que

---

[9] LÉTHEL, F. M. *L'Amore di Gesù*. Città del Vaticano, Editrice Vaticana, 1999.

[10] Ibid.

devo repetir eternamente: 'As misericórdias do Senhor!!!'" (cf. Ms A 2v; Ms C 1v), que alcançará o seu ápice no Ato de Oferecimento de si mesma como vítima de holocausto ao amor misericordioso do bom Deus (cf. O 6).

O Filho

"Ninguém jamais viu a Deus; o Filho unigênito que repousa no seio do Pai é que no-lo deu a conhecer" (Jo 1,18). Ele vive diante do rosto de Deus, não apenas como amigo, mas como Filho; ele vive na mais íntima unidade com o Pai,[11] fonte de seus ensinamentos e de sua doutrina. Na comunhão filial de Jesus com o Pai, a alma humana de Jesus era envolvida no ato da oração. "Quem vê Jesus vê o Pai" (Jo 14,9). É somente através de Jesus que todos os homens e as mulheres poderão ser introduzidos com ele na comunhão com Deus. Mas, como diz Kasper, um anúncio de Deus e uma doutrina sobre Deus que se limitassem a falar de Deus somente, sem dizer o que ele significa para nós, resultariam irrelevantes e poderiam ser tachados de ideologia. Trata-se, portanto, do Deus concreto que é a salvação do homem, cujo esplendor é o homem vivo. Em Jesus, Deus entrou definitivamente no espaço e no tempo deste mundo. Ele é o Reino de Deus em pessoa. Não se poderá mais falar de Deus sem Jesus, pois ele pertence à eterna essência de Deus.[12]

A presença da segunda Pessoa da Santíssima Trindade domina os escritos de Teresa. O nome de Jesus vem repetido nos seus escritos mais de 1.600 vezes, significando

---

[11] RATZINGER, op. cit.

[12] KASPER, op. cit.

sempre o Filho que é a Palavra do Pai, a Divindade encarnada.[13] O nome de Jesus, muitas vezes, é usado como sinônimo do nome de Deus, é nele que Teresa encontra as três Pessoas da Santíssima Trindade.[14]

Nos escritos de Teresa, sobretudo nas poesias, podemos encontrar nomes e títulos atribuídos a Jesus.[15] Ela aplica também a Jesus uma imagem paterna, sobretudo, quando reconhece no seu pai, Luiz Martin, atingido por uma enfermidade, a Face de Cristo sofredor e, também, quando descreve Jesus com os atributos paternos.[16] Conforme o seu nome religioso e sua espiritualidade, Jesus é particularmente presente na imagem do Menino e da Santa Face (cf. Ms A 31 f e v). Essas duas imagens, que correspondem aos mistérios da encarnação e da Paixão de Jesus Cristo, estão presentes na devoção da santa, como veremos ainda na doutrina da pequena via. Remetemos ao capítulo I a consideração da simbologia referida por Teresa à Pessoa do Verbo Encarnado.

O Espírito Santo

"Ninguém pode dizer: Jesus é o Senhor a não ser no Espírito Santo" (1Cor 12,3). Para Paulo, o Espírito é *o Espírito de Cristo* (Rm 8, 9; Fl 1,19), o *Espírito do Senhor* (2Cor 3,17) e o *Espírito do Filho* (Gl 4,6). Com a célebre fórmula

---

[13] LÉTHEL, F. M., op. cit.

[14] Ibid.

[15] Divino Mestre, cf. P 17, 10; Prisioneiro do Amor, cf. P 19, 1; o Hóspede do cibório, cf. P 19,2; o Senhor Onipotente, cf. P 24, 7; o Verbo Eterno, cf. P 24, 8; a Beleza Suprema, cf. P 28, 2; o Divino Menino, cf. P 51,2; o Filho de Maria, cf. 54,20; o Divino Rei, cf. P 53, 1; o Salvador, cf. P 6, 1; o Divino Irmão, cf. P 45, 5; a Hóstia Santa e Divina, cf. P 24, 29; o Príncipe da Paz, cf. P 24, 23; o seu Esposo, cf. P 41,1.

[16] Cf. De MEESTER, C. *A mani vuote*. Brescia, Queriniana, 1975.

o Senhor é o Espírito, se entende dizer que o Espírito é a presença ativa e a atividade presente do Senhor glorificado na Igreja e no mundo. Em virtude do Espírito Santo que nos foi dado e que em nós habita, nós nos tornamos partícipes da natureza divina.[17] O Espírito do Cristo ressuscitado é o Espírito Santo que continua presente nas comunidades. Ele derrama dons e carismas que são por ele doados aos fiéis para a edificação da Igreja como Corpo de Cristo.

Embora Teresa de Lisieux não cite explicitamente e repetidas vezes como o faz com a pessoa de Jesus, isso não significa que a terceira Pessoa da Santíssima Trindade não esteja presente nos seus escritos de forma implícita. É isso que o teólogo chama de escondimento ou, ainda, de *kénosis* do Espírito. De fato, como já vimos, a linguagem simbólica de Teresa fala do Espírito Santo através de diversas imagens como a chama, o fogo, a água, o vento. Mas, para ela, a terceira Pessoa da Santíssima Trindade é o Espírito de Amor (P 17, 2):

Viver de amor, Senhor, é te guardar em mim,
Verbo incriado, Palavra de meu Deus,
Ah, divino Jesus, sabes que te amo sim,
O Espírito de Amor me abrasa em chama ardente;
Somente enquanto te amo, o Pai atraio a mim.
Que ele, em meu coração, eu guarde a vida inteira,
Tendo a vós, ó Trindade, como prisioneira
Do meu amor!...

Teresa, com certeza, se inspira na Bíblia e na tradição carmelita, sobretudo servindo-se do símbolo do fogo de São

---

[17] Cf. 2Pd 1,4. KASPER, op. cit.

João da Cruz. Para ela, a chama e o fogo que simbolizam o amor se referem à natureza e aos frutos da ação do Espírito Santo. O fogo do amor é o coração de Jesus, como também o coração da Igreja, o coração de Teresa e os corações de todos os homens, como sede da missão do Espírito Santo.[18] Ela deseja ardentemente o fogo do amor e ser transformada por ele e oferecer-se totalmente ao amor misericordioso através do ato de oferecimento ao amor (cf. O 6; Ms B 3v).

Além do símbolo da água e do vento acenados no capítulo anterior, a relação de Teresa com a terceira Pessoa da Santíssima Trindade se manifesta de modo particular no dia da sua Crisma, que ela chama de o sacramento do amor e a visita do Espírito Santo (cf. Ms A 37 v), mas também no dia da sua profissão, quando o vento suave realizava a união espiritual com Jesus, o seu Esposo (cf. Ms A 76 v). Ela compara a visita do Espírito de amor à experiência da brisa leve do profeta Elias (cf. Ms A 37 v). A sua imagem do Espírito Santo é antes de tudo fruto da sua relação pessoal e íntima com a terceira Pessoa da Santíssima Trindade.

A pequena via

Teresa assemelha-se ao homem da parábola do Evangelho (Mt 13,44-46) que encontrou um tesouro escondido no campo e, na sua alegria, vai e vende tudo o que possuía e compra aquele campo. Encontrando o *caminho*, a *verdade* e a *vida* em Jesus, ela investe radicalmente sua vida em vista do tesouro que encontrara. Não repousa enquanto não explora todo o campo até sentir-se possuída completamente pelo tesouro.

---

[18] LÉTHEL, F. M. *L'Amore di Gesù*, cit.

O campo que escondia o tesouro para Teresa é Jesus, e o procurava na Bíblia: a Palavra de Deus. Por isso, todos são unânimes em afirmar que Teresa de Lisieux foi como um prelúdio do Vaticano II no retorno ao Evangelho e à Palavra de Deus, ao Jesus da história e a seu mistério pascal de morte e ressurreição. Ela enfatizou a prioridade do amor na Igreja, Corpo de Cristo. Deu testemunho da espiritualidade da vida comum e do chamado universal à santidade.

As suas últimas palavras escritas registram aquilo que constituíra toda a sua vida: "seguir o odor dos perfumes do Bem-amado":

> Como Jesus voltou ao céu, só posso segui-lo pelas pistas que deixou. Como são luminosas essas pistas, como são perfumadas! Basta lançar o olhar nos santos Evangelhos, que logo respiro os perfumes da vida de Jesus e sei a que lado me dirigir ... Não para o primeiro lugar que vou, mas para o último. Em vez de avançar com o fariseu, repito, cheia de confiança, a humilde oração do publicano e, sobretudo, imito o comportamento de Madalena, seu espantoso, ou melhor; seu amoroso atrevimento, que encanta o coração de Jesus, conquista o meu. Mesmo que eu tivesse na consciência todos os pecados que se possa cometer, iria, com o coração dilacerado pelo arrependimento, lançar-me nos braços de Jesus, pois sei o quanto ama o filho pródigo que volta para ele (Ms C 36 f).

Jesus é a sua única bússola a orientar sua vida. A carmelita procura nos textos da Sagrada Escritura indicações para realizar a vontade de Deus. Em sua busca pela santidade, inconformada com os modelos e métodos propostos na sua época, Teresa, conduzida pela lógica da Palavra de Deus, encontra um caminho mais direto e nos propõe uma doutrina fortemente bíblica que corresponde à imagem do pobre na Bíblia.[19]

É ainda no início dos seus manuscritos que Teresa nos oferece a chave de leitura nas duas imagens que correspondem aos mistérios da encarnação e da Paixão de Jesus Cristo, revelando assim a todos nós a quem ela seguiu: "Na realidade, é próprio do amor rebaixar-se. [...]. Descendo assim, Deus mostra sua infinita grandeza" (Ms A 3 f).

Somente através dessa chave, poderemos alcançar o horizonte da pequena via como caminho de conformação à vida de Jesus, pois Teresa segue a dinâmica da *kénosis* do Filho de Deus. Passamos, portanto, à espiritualidade do esvaziamento ou da *kénosis* para uma compreensão mais profunda do processo de cristificação em Teresa de Lisieux.

A espiritualidade do esvaziamento

Bento XVI, no capítulo sobre o Sermão da Montanha, no livro *Jesus de Nazaré*, diz:

> Veremos Deus se entrarmos no "pensamento de Cristo" (Fl 2,5). A pureza do coração acontece no seguir os passos de Cristo, no ser um com ele. E aqui aparece agora algo de novo: a subida para Deus acontece precisamente na descida ao serviço humilde, a descida ao amor, que é a essência de Deus e, portanto, a verdadeira força purificadora, que capacita o homem para conhecer Deus e para vê-lo. Em Jesus Cristo, Deus se revelou na descida.

Citando ainda Filipenses 2,6-9 afirma: "Estas palavras assinalam uma decisiva virada na história da mística. A subi-

---

[19] Cf. Prov 9,4; Is 66,13. Cf. CALOI, F. *Teresa di Lisieux modello di libertà evangelica. RVS* 50 (1996/4-5) 406-423.

da para Deus acontece ao ir com ele nesta descida".[20] Portanto, para todos os batizados, seguidores e seguidoras de Jesus, não existe outro caminho a não ser o caminho da cruz percorrido por Jesus. Na afirmação de Bento XVI, a subida para Deus acontece ao ir com ele nessa descida.

É esse o paradoxo do seguimento que fez sim os homens conceberem a ascensão ao divino como a escalada de uma pirâmide, segundo a expressão de Cantalamessa,[21] "esforçando-se para chegar ao seu vértice com os próprios esforços ora especulativos, ora ascéticos". No entanto, continua a sua reflexão, "encarnando-se, Deus revirou a pirâmide; ele colocou-se na base, pôs-nos em cima de si e levou-nos sobre os seus ombros. Nós podemos ir até ele porque primeiro ele veio até nós".

Em sua abordagem sobre a *kénosis* das Pessoas Divinas como manifestação do amor e da misericórdia, José Donizete Xavier,[22] teólogo, releva que "o ponto de partida da manifestação amorosa de Deus é a encarnação do Filho até a sua morte na cruz. A encarnação, entendida como auto-humilhação de Deus, realiza-se na cruz e aponta-nos um caminho que o próprio Deus realiza conosco: a misericórdia, chave para a compreensão da cruz de Jesus, uma vez que ele é a própria misericórdia de Deus encarnada". E Kasper afirma que a encarnação de Deus alcança a sua verdadeira meta sobre a cruz. O evento Cristo, na sua inteireza, deverá, portanto, ser compreendido à luz da cruz. É sobre a cruz que o amor de Deus, que se aliena, conhece a radicalidade

---

[20] RATZINGER, op. cit.

[21] Ibid.

[22] XAVIER J. D. *Aspectos da natureza de Deus: Amor e Misericórdia. A kénosis das Pessoas Divinas como manifestação do Amor e da Misericórdia.* (Tese de Mestre em Teologia Dogmática), São Paulo, 2002.

suprema. A cruz representa a máxima exteriorização possível a um Deus que se doa no seu amor; além do qual nada maior pode ser concebido, é a autodefinição insuperável do próprio Deus.[23]

Na sua encíclica *Deus caritas est*, Bento XVI descreve de forma concreta a novidade do Novo Testamento na figura de Cristo, que dá carne e sangue aos conceitos de *Deus é amor* (1Jo 4,8). Diz: "Na sua morte de cruz, cumpre-se aquele virar-se de Deus contra si próprio, com o qual ele se entrega para levantar o homem e salvá-lo – o amor na sua forma mais radical".[24] Por isso, em sua epístola, João afirma: "Nisto consiste o amor: não fomos nós que amamos a Deus, mas foi ele quem nos amou e enviou-nos o seu Filho como vítima de expiação pelos nossos pecados [...] Nós amamos porque ele nos amou primeiro" (1Jo 4,10.19).

Xavier[25] traduz concretamente em que consiste esse amor de Deus manifestado na e pela pessoa de Jesus. Amor a todos, mas que tem um endereço e um agir. Trata-se de "serviço aos homens, de modo exclusivo aos pobres e humildes, libertando-os de todas as prisões e dando um sentido novo aos seus sofrimentos e dores, consequências da ambição e do autoritarismo humanos". Na cruz, acrescenta ele, está o cerne do serviço, morrer em favor e por amor aos homens.

A espiritualidade do *esvaziamento ou* da *kénosis*, pois, é uma vida modelada no seguimento de Jesus no seu

---

[23] KASPER, op. cit. Servimo-nos do conteúdo do autor para a cristologia da *kénosis*.

[24] *Deus caritas est*, n. 12.

[25] Op. cit.

mistério da *kénosis*: a *kénosis* da encarnação e a *kénosis* da morte na cruz na experiência do abandono.[26]

O texto escolhido para uma reflexão espiritual teológico-bíblico, que traduz concretamente a radicalidade do amor Deus, é a carta de São Paulo aos Filipenses 2,5-11, que subjaz à espiritualidade não só de Teresa de Lisieux, mas de todos os batizados, de modo particular de todos os consagrados.

1ª Estrofe: Filipenses 2,5-8

[5]Tende em vós o mesmo sentimento de Cristo Jesus;
[6]Ele tinha a condição divina,
e não considerou o ser igual a Deus
como algo a que se apegar ciosamente.
[7]Mas esvaziou-se a si mesmo,
e assumiu a condição de servo,
tomando a semelhança humana.
E, achado em figura de homem,
[8]humilhou-se e foi obediente até a morte
e morte de cruz!

O versículo 5 do capítulo 2 de Filipenses tem a função de ligar as exortações dos versículos precedentes com o hino cristológico. Paulo apresenta à comunidade um projeto de vida cristã com motivações de pertença a Cristo, em força do Batismo. Olhando de perto os quatro primeiros versículos, vemos que Paulo dirige um apelo à experiência de comunhão, ao amor e ao afeto daqueles que se reconhecem na fé numa relação vital com Jesus Cristo.

---

[26] Cf. CASTELLANO CERVERA, J. La teologia spirituale nella Chiesa e nel mondo di oggi. In: *La teologia spirituale. Atti del Congresso Internazionale OCD, Roma 24-29 aprile 2000*. Roma, 2001, 811-869.

Joseph Heriban,[27] teólogo, explicita essa relação com Jesus, que não deve permanecer no âmbito da imitação, mas no modo de sentir próprio de Jesus Cristo, que se traduz nas suas atitudes de modo concreto e vivenciado por ele, devendo tornar-se norma e princípio para o sentir do cristão. O enfoque, portanto, é dado não sobre a imitação de Jesus, mas sobre o princípio vital da nova vida em comunhão radicada na união com a pessoa de Cristo e entre os membros da comunidade, cujas atitudes constroem um estilo na comunidade que se manifesta na união de todos, nos mesmos sentimentos de Cristo. Consequentemente, não agirão por espírito de rivalidade ou vanglória, mas, sim, sem procurar apenas o próprio interesse, mas também o dos outros, considerando os outros superiores a si mesmo. Em outras palavras, podemos dizer que os vícios que se devem evitar aqui são os que matam a comunidade: a inveja e a vanglória que levam as pessoas a sentirem-se superiores às outras.

O sujeito da primeira estrofe de Filipenses 2,6-8 é Jesus Cristo, a sua figura e a sua ação. Cristo na sua *kénosis* se esvazia da *sua riqueza, se abaixa, se doa, e de rico se faz pobre. Da condição de Deus ele entra naquela de* escravo, do ser igual a Deus passa para semelhante aos homens. Esse movimento culmina na humilhação, que chega até a morte de cruz.

O elogio de Cristo se concentra sobre sua ação de "abaixamento" ou de *kénosis* (v. 7) e de humilhação (v. 8). Esses dois versículos descrevem a dinâmica do abaixamento de Cristo até assumir a vida mortal. Paulo não usa a palavra encarnação, mas fala da presença do Filho de Deus na *figura de homem* (cf. Fl 2,7; Rm 8,3s). O esvaziamento

---

[27] Cf. HERIBAN, J. Inno cristologico (Fil 2,6-11). In: SACCHI, A.; Collaboratori (ed.). *Lettere paoline e altre lettere*. Leumann (Torino), 1996, p. 381-395.

mostra que Cristo entrou no mundo do homem não renunciando à sua natureza divina, mas esvaziando-se de tudo aquilo que lhe pertencia como Deus. Significa que Cristo, sendo Deus, *não considerou* esse modo de existir como *privilégio*, conservando assim o essencial: o seu ser Deus, também no momento em que opta por partilhar do destino humano.

A continuação do versículo 7, "assumiu a condição de servo", indica, ainda com mais força, o fato de que Jesus, durante a sua vida terrena, não quer comportar-se como Deus e Senhor dos homens, mas como "servo", completamente dedicado ao humilde serviço dos outros. Nos Evangelhos sinóticos encontramos Jesus que recomenda a seus discípulos serem servos uns dos outros.[28] A sua via da divina autoabnegação é aquela que os cristãos são chamados a seguir. Jesus esvaziou-se a si mesmo. Para serem servos, é preciso *esvaziarem-se* das atitudes de vanglória, egoísmo, pretensões, rivalidades, sede de protagonismo. O *esvaziamento* de tudo aquilo que não é amor acontece *tornando--se servo*: é um caminho gradual, dinâmico, em contínua tensão rumo à conformação a Jesus Servo no seu amor *até o fim* (Jo 13,1). Somente assim seremos impregnados dos *sentimentos de Cristo Jesus*.

Essa ação de *abaixamento* ou da *kénosis* é também humilhação (v. 8). A humilhação indica mais o estilo de vida que a condição de Cristo, não se referindo apenas ao momento da passagem da preexistência à existência temporal, mas a todo o tempo transcorrido por ele sobre a terra. Jesus leva a sua auto-humilhação ao cume *tornando-se obediente até a morte*. A obediência de

---

[28] Cf. Mc 10,43-45; 20,25-38/Lc 22,24-27; Mc 9,35; Mt 23,22. O ícone mais adequado a Fl 2,7 é Jo 13,1-17.

Jesus, porém, não é uma obediência rumo a um cego destino, mas ao projeto de amor de Deus Pai. A morte é o fim de um percurso assumido na liberdade. Para Jesus, e somente para ele, também a morte é fato livre: "dou a minha vida para retomá-la. Ninguém a tira de mim, mas eu a dou livremente. Tenho poder de entregá-la e poder de retomá-la" (Jo 10,17-18).

Cristo preexistente, despojado das suas prerrogativas, torna-se momento central do hino "O Crucificado". A obediência do Filho até à morte de cruz revela a vontade do Pai e é a mais significativa imagem de Deus, como já o acenamos. A palavra *cruz* para os contemporâneos de Paulo evocava horror, ignomínia e repugnância. Paulo, porém, fala da morte de Cristo como morte de cruz, não para engrandecer o horror de tal agonia, mas para relevar que nela se encontra a salvação. A morte de cruz é o ponto central do hino, uma virada que se torna um motivo para a exaltação.

2ª Estrofe: Filipenses 2,9-11

9Por isso Deus o sobre-exaltou grandemente
e o agraciou com o Nome
que é sobre todo o nome,
10para que, ao nome de Jesus,
se dobre todo joelho dos seres celestes,
dos terrestres e dos que vivem sobre a terra,
11e, para glória de Deus, o Pai,
toda língua confesse:
Jesus Cristo é o Senhor.

A última parte do hino de Filipenses 2,9-11 descreve a exaltação de Jesus Cristo. A exaltação de Jesus tem como objetivo o seu triunfo e a honra que ele recebe de todos os seres vivos e também a glória de Deus Pai (Fl 2,11). Aquele que assumiu o papel de servo fez-se obediente e submisso, agora é Senhor, a quem se deve toda a reverência. Paulo atribui a Cristo aquilo que é próprio somente de Deus. O hino cristológico indica claramente a causa da *exaltação*, isto é, o *abaixamento*. A dinâmica do *abaixar-se-exaltar-se*, mesmo que não tenha sido explicitada pelo autor, encontra--se em ligação com toda a obra salvífica de Cristo na sua morte e na sua ressurreição.

A espiritualidade do esvaziamento pressupõe também isto: despojar-se da própria glória para viver totalmente para a glória de Deus Pai, entrando sempre mais profundamente no mistério da autodoação do amor de Jesus, testemunhando com a própria vida o senhorio de Deus.

Contemplamos, assim, o Deus de Jesus que ama sem reservas, que em sua *kénosis* volta à pobreza e à fragilidade humana e se encarna nessa realidade. Que consequências tem tudo isso para os homens de ontem e de hoje? Com lucidez, Xavier oferece indicações para assimilar o movimento de Jesus, incompreensível ontem, como também o é ainda hoje:

> Em Jesus se descobre o Deus da compaixão. A compaixão de Jesus nos Evangelhos sinóticos está vinculada à oferta de um êxodo libertador, entendido como um movimento revolucionário de Jesus em favor da vida e da justiça. A libertação oferecida por ele vem da partilha do pão, este que *é fator da vida, parte-se para compartilhá-lo; sua partilha é expressão do amor*. Eis um gesto incompreensível ontem e hoje, os fariseus não entenderam, assim também, os discípulos esperavam de Jesus um gesto messiânico glorioso que negasse a sua *kénosis* como expressão do amor--misericordioso e não implicasse a vida do homem por este

caminho kenótico. Após este episódio, os fariseus pediram outro sinal. Eis um grande desafio – nos tempos modernos se observa cada vez mais uma busca de religião da magia e da manipulação de Deus, que faça dele a imagem e semelhança da cultura individualista e da morte. Esta imagem de Deus criada pelos interesses do sistema de capital nada pode oferecer, pois não é o Deus de Jesus Cristo, o Deus da Esperança, o Deus kenótico real e concreto que se manifesta como é.[29]

A teologia *kenótica* na pequena via

Inspiramo-nos na abordagem de Xavier que, servindo-se de Gl 4,19, amplia os horizontes do caminho iniciado desde a encarnação do Verbo pela ação do Espírito no seio da Virgem Maria, e que *continua a se encarnar como um agir permanente de Deus na história da humanidade.* Trata-se do *chamado do próprio homem a configurar sua vida à semelhança da vida de Jesus de Nazaré, o Filho obediente que realiza o desígnio salvador de Deus.* Procuraremos relevar na vida e no testemunho de amor de Teresa de Lisieux como ela deixou-se guiar pela ação do Espírito Santo na configuração de sua vida pela vida de Jesus, deixando-se conduzir pelo fluxo e sopro do Ressuscitado.

O nome religioso de Teresa e de sua espiritualidade, Jesus, é particularmente presente na imagem do Menino e da Santa Face: duas imagens que correspondem aos mistérios da encarnação e da Paixão de Jesus Cristo. Os dois nomes de Teresa que caracterizam a sua vocação carmelita e que fazem

---

[29] XAVIER, J. D. Aspectos da natureza de Deus: Amor e Misericórdia. A *Kénosis* das Pessoas Divinas como manifestação do Amor e da Misericórdia. (Tese de Mestre em Teologia Dogmática), São Paulo, 2002.

parte do itinerário espiritual da sua pequena via correspondem à teologia kenótica. Essas duas imagens que exprimem exatamente o abaixamento/aniquilamento do Filho de Deus são para Teresa o modo como Deus quis manifestar o amor divino e que ela deseja imitar (cf. Ms B 3v; C 201). A lógica paulina encontra-se presente na expressão "é próprio do amor rebaixar-se" (Ms A, 2v) e na carta escrita ao Pe. Roulland, que faz referência ao texto paulino para descrever o aniquilamento de Cristo: "nosso único desejo é assemelhar-nos ao nosso adorável Mestre que o mundo não quis reconhecer porque aniquilou-se, tomando a forma e a natureza de escravo" (C 201). A dinâmica descrita pelo apóstolo na epístola aos Filipenses, proposta para cada cristão, é fonte de inspiração para Teresa, que recorre mais vezes ao texto:

> Quero diminuir-me humildemente e submeter minha vontade à de minhas irmãs, em nada as contradizendo e sem procurar saber se elas têm, sim ou não, direito de me dar ordens. Ninguém, ó meu Bem-amado, tinha para convosco esse direito e, no entanto, obedecestes não só à Santa Virgem e a São José, mas também a vossos carrascos. Agora, é na hóstia que vos vejo chegar ao cúmulo de vossos aniquilamentos (O 20).

Outra expressão é a palavra *nada,* que Teresa usa nos diversos contextos com conotação de abaixamento/aniquilamento: "Ele quer que tudo seja para ele!... Pois bem! Tudo será para ele, tudo, mesmo quando eu não sentir nada para poder oferecer-lhe, então, como esta noite, dar-lhe-ei esse nada!..." (C 76).

O nada teresiano exprime o aniquilamento de Cristo descrito por Paulo no seu texto em Filipenses 2,7. Teresa, apropriando-se das palavras do apóstolo, as aplica no gesto de inculturação do missionário Pe. Roulland, que se vestiu das vestes dos chineses, despojando-se das próprias vestes. Para Teresa, a atitude de aniquilamento de Cristo corresponde à virtude da humildade na vida do homem, portanto, abaixar-se/aniquilar/se é fazer-se semelhante a Cristo, que é humilde de coração:

> Ó Jesus! quando éreis viajante sobre a terra, dissestes: "Aprendei de mim, que sou manso e humilde de coração, e encontrareis repouso para vossas almas". Ó Poderoso Monarca dos Céus, sim, minha alma encontra repouso vendo-vos, revestido da forma e da natureza de escravo, humilhar-vos ao ponto de lavar os pés de vossos apóstolos (O 20).

Um dos elementos fundamentais na pequena via de Teresa, portanto, é a verdade de si mesma, isto é, o ponto limite da impotência, da fraqueza e dos seus próprios limites humanos que marcam o ponto de encontro com a onipotência de Deus, abrindo caminho à confiança e ao abandono. Teresa descreve o abaixamento de Cristo e recorre ao texto paulino de 2 Coríntios 8,9 para explicar a grandeza do amor de Jesus e para relevar o valor da pobreza-pequenez (cf. C 109). No caminho do amor de Cristo, a pequenez, a fraqueza, a impotência, a pobreza, abrem o coração da santa à total confiança, tornando-se a verdadeira grandeza, a verdadeira força, a verdadeira riqueza (cf. C 197).

Teresa ainda revela nos seus escritos quanto foi forte o influxo do apóstolo Paulo na sua espiritualidade, apesar de ela ter seguido muito de perto São João da Cruz. Para apresentar o significado da antítese nada-tudo, é preciso fazer referência ao texto de Filipenses 2,5-11, cujo ponto de partida são os sentimentos de Jesus, isto é, o amor divino que se abaixa; este amor é o tudo, sem este amor tudo é nada.

O combate espiritual

Urs von Balthasar, teólogo, diz que Teresa se assemelha a uma pessoa que combate com todas as suas forças contra algo cuja figura e periculosidade não conseguimos identificar com exatidão. Somente nos últimos anos, quando ela mesma se convence de haver vencido o adversário, revela claramente o próprio rosto a nós e talvez também a ela: é a mentira. Continua o teólogo, a mentira em todas as formas que ela pode assumir no Cristianismo, de inautenticidade, de não sinceridade, de compromisso, em que a santidade e a beatice, a arte e o mau gosto, a verdadeira impotência e a mesquinhez constituem uma mistura indecifrável. A vida de Teresa torna-se, assim, uma contínua luta. Com a espada do espírito, Teresa combate contra o espírito maligno. Com a espada da verdade, lança-se contra muitas formas de mentira que, secretas e invisíveis, a circundam por toda parte.[30]

A herança carmelita é permeada do influxo paulino, cujo tema do combate espiritual é muito expressivo na vida da santa. As palavras de Paulo são uma verdadeira inspiração para a vida espiritual, incidindo fortemente na vida dela a partir da conversão da noite de Natal (cf. Ms A 44 v). Nos seus escritos as expressões como armas espirituais e armaduras de Deus são usadas em modo geral.

---

[30] Cf. VON BALTHASAR, U. H. *Teresa di Lisieux* e Elisabetta *di Dignione*. Milano, Jaca Book, 1974.

Teresa luta até ao final de sua vida e alguns meses antes de sua morte compõe ainda uma das suas últimas poesias, intitulada "As minhas armas". As palavras de Paulo são para ela uma verdadeira inspiração para a vida espiritual, onde o tema do combate espiritual tem um lugar muito importante. Ela cita, sobretudo, o texto de Efésios 6,10-17, recorrendo à imagem do apóstolo relativa às armaduras espirituais, e na introdução recorre também ao livro do Cântico dos Cânticos.

Do Poderoso visto as armaduras,
Pois sua mão dignou-se me adornar.
Daqui por diante nada mais me assusta;
Quem me vai separar de seu amor?
Lançando-me, a seu lado, em plena arena,
Sei que não temerei ferro nem fogo;
Saibam meus inimigos: Sou rainha,
Sou esposa de um Deus!
Jesus, guardarei as armaduras
Que visto ante teus olhos adorados.
Meu mais belo ornamento, até morrer,
Serão meus santos votos!

Nesta poesia vemos a ligação entre o combate espiritual e o amor na doutrina da santa: guerreira e esposa. O tema da batalha espiritual é sempre positivo porque o combate contra o mal é fruto do amor. Com a poesia dedicada à mártir Joana D'Arc, ela descreve a vida da Guerreira-Esposa aplicando à vida de todos o sentido da dor e da morte (cf. P 50).

A gratuidade da salvação

O influxo da espiritualidade e doutrina do apóstolo Paulo em Teresa é muito incisivo, sobretudo no que se refere à justificação por meio da fé e ao tema relativo à gratuidade da salvação e à gratuidade do amor misericordioso de Deus. Ela serve-se dos dois textos paulinos de Romanos 3,24 e 4,6ss para descrever a vida dos seus dois irmãos e das duas irmãs que faleceram na tenra idade. Considera-os já santos, porque eles estão no paraíso, apesar do breve tempo sobre a terra, graças à obra salvífica de Cristo. A esses dois textos inserimos também o texto de Romanos 9,15-16 que Teresa mesma cita no manuscrito (cf. Ms A, 2 v). Todos os textos indicados nos escritos de Teresa confirmam quanto foi forte a influência de Paulo e, também, o tema da justificação mediante a fé.

Teresa supera aos poucos a distância entre o desejo e a atuação, entre o ideal e a realização. O desejo dela deveria passar pela purificação para tornar-se cada vez mais oblativo. Deveria chegar a um desejo não voltado para o eu de Teresa, mas puramente para o tu de Deus. Somente em 1895, Teresa alcança esse grau de abandono, de entrega plena de si à intervenção misericordiosa do Amado. A misericórdia torna-se realidade vivida, encarnando-se vitalmente nela. Os desejos e as inquietudes manifestadas na aspiração da santidade entram em quietude, porque agora ela está convicta de que tudo depende somente de Deus, basta apenas que ela se entregue, se abandone confiante. Para esse salto da fé existe somente uma condição: o absoluto abandono de tudo.

Para Teresa, toda possibilidade de cálculo, méritos, recompensa, perde significado, porque ela quer receber tudo unicamente pelos méritos de Deus, receber tudo gratuitamente, imerecidamente. Deus não precisa de obras humanas, de sacrifícios, mas o que conta é somente a obra salvífica de Jesus. Teresa segue a orientação paulina das mãos vazias e afirma que Deus quer de nós somente uma coisa: o nosso amor, que é a prova e a medida de todas as nossas obras (cf. Ms B, 4v).

Teresa vai exatamente na contracorrente de uma espiritualidade vivida também pelo Carmelo, que incentivava aumentar o número de almas reparadoras para aplacar a justiça divina. Para Teresa, a justiça de Deus é a fonte de sua misericórdia.[31] Ela chega à conclusão dizendo que "há muito compreendera que Deus não precisa de ninguém (menos ainda dela que dos outros) para realizar o bem na terra" (Ms C 3v), pois alcançara a compreensão de que a salvação já se realizou em Jesus Cristo, que assumira a condição humana resgatando com a sua vida a vida de todos. Somente essa certeza a leva a confiar plenamente em Deus sem a pretensão de obter a sua graça com as próprias obras ou os próprios raciocínios. Desfazendo todo raciocínio humano, Teresa deixa lugar à graça. A demolição da ética embasada sobre obras serve para Teresa fazer resplandecer na vida de todo cristão a ação da graça divina, colocando em evidência a absoluta gratuidade do amor.

Segundo ela, é bem-aventurado aquele que Deus justifica sem as obras. Para aqueles que cumprem as obras, a recompensa não é computada como graça, mas como algo devido. Portanto, aqueles que não realizam obras são justificados gratuitamente pela graça, com base simplesmente

---

[31] Cf. C 226 dirigida ao Pe. Roulland no dia 9 de maio de 1897.

na redenção de Jesus Cristo. Teresa experiencia em sua vida o alcance da graça que a conduz à confiança plena, a abandonar-se completamente nos braços de Jesus, representado na imagem genial do elevador. [32]

---

[32] Cf. C. A. 5 de agosto de 1897.

Capítulo III

O ITINERÁRIO DE CRISTIFICAÇÃO NA VIDA DE TERESA DE LISIEUX

Teresa morre aos 24 anos, na tarde do dia 30 de setembro de 1897, na enfermaria do mosteiro das carmelitas de Lisieux, dizendo "Meu Deus, eu vos amo!". Falava a Jesus, olhava o crucifixo que apertava nas suas mãos. Últimas palavras, último respiro, última expressão do ato de amor que havia movido a sua vida.

Em 19 de outubro de 1997, 100 anos após a sua *entrada na vida*, segundo sua expressão, Teresa é declarada por São João Paulo II, papa na época, Doutora da Igreja, definindo-a como *especialista na "scientia amoris"* (*Novo Millennio ineunte*, 27). Essa ciência, que vê brilhar no amor toda a verdade da fé, Teresa a expressa principalmente no relato da sua vida, publicado um ano após a sua morte com o título de *História de uma alma*. Queremos relevar a gênese e origem dos manuscritos que deram origem àquela que, segundo a expressão de Teresa, *voou nas vias do amor.*

Em 20 de fevereiro de 1893, Madre Inês (Paulina) é eleita priora do Carmelo. O priorado de Madre Inês é considerado por Teresa um novo período: "Oh, Madre! foi sobretudo a partir do dia abençoado da vossa eleição que voei nas vias do amor... Naquele dia, Paulina passou a ser meu Deus vivo..." (Ms A 80 f).

Foi nesse período que Teresa recebeu a ordem de sua Irmã, Madre Inês, de começar a redigir as recordações de sua infância, para serem entregues no dia de seu aniversário. Nas Obras Completas, este caderno é intitulado Manuscrito A. A circunstância que levou Teresa a redigir as memórias de sua infância e da vida no Carmelo são relatadas pela Irmã Maria do Sagrado Coração e por Madre Inês. Irmã Maria do Sagrado Coração relata:

> Uma noite de inverno, depois das matinas, estávamos nos aquecendo, reunidas com Irmã Teresa, Irmã Genoveva e nossa Reverenda Madre Priora, Inês de Jesus. Irmã Teresa contou duas ou três passagens da sua infância. Disse eu, então, a nossa Madre Priora, Inês de Jesus: "Será possível que a deixe escrever pequenas poesias para agradar a umas e outras, e que nada escreva para nós sobre todas essas recordações de infância? Vereis, é um anjo que não ficará muito tempo na terra, e teremos perdido todos esses pormenores tão interessantes para nós". Nossa madre priora hesitou inicialmente e, a instâncias nossas, disse à serva de Deus que gostaria de receber, no seu aniversário, o relato da sua infância.

Madre Inês, que seguiu de perto essa elaboração, releva o fato de Teresa não se ter subtraído de nenhuma atividade e de funções comunitárias e, também, seu desprendimento total com relação a seu trabalho, após ter cumprido obediência:

A serva de Deus pôs mãos à obra, por obediência, pois eu era então sua madre priora. Escreveu apenas durante seus tempos livres e entregou-me seu caderno em 20 de janeiro de 1896, para meu aniversário. Eu estava na oração noturna. Ao dirigir-se para sua cadeira do coro, Irmã Teresa do Menino Jesus ajoelhou-se e entregou-me esse tesouro. Respondi-lhe com um simples aceno de cabeça e coloquei o manuscrito sobre nossa cadeira, sem abri-lo. Só tive tempo de lê-lo após as eleições desse mesmo ano, na primavera. Notei a virtude da serva de Deus, pois, depois do seu ato de obediência, não se interessou mais por ele, nunca me perguntou se eu tinha lido seu caderno nem o que eu pensava dele. Um dia, disse-lhe que não tinha tido tempo de lê-lo; não me pareceu nem um pouco contrariada.

Após haver lido o manuscrito, Madre Inês, inconformada com o relato incompleto, por outro lado, não ocupando mais o cargo de priora, foi, então, até Madre Maria de Gonzaga para assim obter a complementação da autobiografia, o Manuscrito C, conforme o depoimento dela:

Pensei quanto era deplorável não ter ela redigido com desenvolvimento igual o que dizia respeito à sua vida no Carmelo. Entrementes deixara eu de ser priora e Madre Maria de Gonzaga assumira o cargo. Receava não atribuir ela o mesmo interesse a essa composição e não ousei falar-lhe a respeito. Mas, vendo Irmã Teresa do Menino Jesus muito doente, quis tentar o impossível. Em 2 de junho de 1897, quatro meses antes da morte de Irmã Teresa, por volta da meia-noite, fui encontrar nossa madre priora: "Madre", disse-lhe, "é-me impossível dormir antes de confiar-vos um segredo. Quando eu era priora, Irmã Teresa escreveu, para me agradar e por obediência, algumas recordações da sua infância. Reli aquilo, outro dia; é agradável, mas não podereis extrair disso muita coisa para ajudar-vos a escrever a carta circular depois da morte dela, pois não há quase nada sobre sua vida religiosa. Se lhe ordenásseis, ela poderia escrever alguma coisa mais séria; não duvido que o que teríeis seria incomparavelmente melhor do que aquilo que eu tenho". Deus abençoou minha iniciativa e, na manhã seguinte, nossa madre ordenou à Irmã Teresa do Menino Jesus que continuasse seu relato (cf. PA, p. 201).

É no Manuscrito A que encontramos a distinção que Teresa faz dos períodos de sua vida até os primeiros anos no Carmelo, desde sua entrada no dia 9 de abril de 1888... Teresa explicita os períodos de uma forma muito simples e transparente:

1º) Na história da minha alma até meu ingresso no Carmelo, distingo três períodos delimitados. O primeiro, embora de curta duração, não é o menos fecundo de recordações: vai do despertar da minha razão até a partida da nossa querida mãe para a pátria celeste (Ms A 4f).

2º) Como disse acima, a partir desse momento fui obrigada a passar para o segundo período da minha existência, o mais sofrido dos três, sobretudo depois do ingresso de Paulina no Carmelo, aquela que eu tinha escolhido por segunda "mamãe". Esse período estende-se desde meus 4 anos e meio até meu décimo quarto ano, época em que reencontrei meu caráter de criança ao entrar no lado sério da vida (Ms A 13 f).

3º) Nessa noite de luz, começou o terceiro período da minha vida, o mais bonito de todos, o mais cheio das graças do céu... (Ms A 45 v).

No Manuscrito C, Teresa registra a sua vida no Carmelo. Os cinco primeiros anos, de 1888 a 1893, Teresa assim os descreve: "Jesus fez-me compreender que era pela cruz que queria me dar almas e minha atração pelo sofrimento crescia na medida em que o sofrimento aumentava. Durante cinco anos, esse foi o meu caminho" (Ms A 70f).

O início da vida espiritual de Teresa

O núcleo familiar é o primeiro grupo social do qual participamos e recebemos não somente nossa herança genética ou material, mas principalmente a moral e religiosa. Nossa formação de caráter depende, fundamentalmente, do exemplo ou modelo familiar que temos na formação de nossa personalidade. Cada caminho espiritual tem o seu início e um ponto de partida. Não foi diferente para Teresa, que nasce em um ambiente profundamente cristão.

Imersão no ambiente cristão

Em 1873, ano do nascimento de Teresa, a França entra no período de relativa estabilidade da Terceira República. A única classe beneficiada pela Revolução foi a burguesia, que soube aproveitar as suas chances econômicas e sociais e se apresentar como classe dominante. Abriga-se sob o manto da Igreja para obter a garantia e o controle da ordem social. Nessa exigência estritamente social, encontram espaço novamente as práticas religiosas: o culto às relíquias dos santos, da Virgem Maria e do Coração de Jesus. Incrementam-se as peregrinações, com o objetivo de viver uma forte experiência pessoal e ao mesmo tempo ter uma visibilidade social que reforça a pertença religiosa. Nesse período, a França vive um reflorescer de aparições marianas: Rue Du Bac (1830), La Salette (1846), Lourdes (1858). É esse o universo devocional de Teresa. Os manuais de piedade da época reportam meditações com acentos trágico-românticos: o combate interior com toda a gama de sentimentos humanos. Nesse clima político-religioso, a família Martin-Guérin de Alençon (Normandia) distinguia-se por uma atitude de estreita observância católica. Podemos dizer que o ambiente de Teresa estava livre de todos os excessos, mas os elementos básicos, preferência por formas estaticamente visíveis da vida religiosa, o culto dos mandamentos, a proscrição de todo modernismo, a sobre-estima das formas de vida monástica, emergem abertamente na vida da família.

Início da vida de fé e as primeiras experiências

O dia 4 de janeiro de 1873 é o início da vida cristã de Maria Francisca Teresa Martin, quando na Igreja matriz de Alençon recebe o sacramento do Batismo. Segundo a expressão de Paulo, todos os batizados foram *vestidos de Cristo* (Gl 3, 27). Teresa não explicita muito em seus escritos sobre a importância desse sacramento, mas é consciente de que o mesmo, segundo ela, purifica a alma e deixa um germe das virtudes teologais (cf. Ms A 52v).

Como já acenamos, entre os períodos da vida de Teresa indicados no Manuscrito A, o primeiro é aquele que vai até a morte de Zélia, sua mãe. Esse período é marcado pela alegria de uma criança feliz, rodeada de ternura e calor humano de todos os familiares. Teresa já se manifesta propensa ao sentido de Deus, de oração, e a pessoa de Jesus Cristo lhe é transmitida pelos pais. Ela é introduzida na vida de fé, balbuciando o nome de Jesus e aprendendo pequenas jaculatórias. Vem orientada para viver sempre voltada a dar prazer a Jesus, oferecendo pequenas mortificações, mesmo após a morte de sua mãe (cf Ms A 12 f-v). Entre os momentos significativos, relevamos as suas práticas de oração (cf. Ms A 12 v), a primeira homilia sobre a Paixão de Cristo que ela conserva na memória (cf. Ms A 17 v) e a visão profética de seu pai, prenúncio da doença mental de Luiz Martin (cf. Ms A 19 v).

O sacramento da Eucaristia e da Crisma

A Eucaristia tem um lugar central nos escritos e na experiência espiritual de Teresa. A sua grande devoção eucarística é fruto do influxo de seus pais e irmãs, que a introduzem no sentido do mistério da presença oculta de Jesus na hóstia consagrada. Aos 2 anos e meio, ela acompanha os pais nas celebrações litúrgicas e, já com 4 anos, compreende o mistério da presença de Jesus na Eucaristia. Nessa idade, ela começa a preparação à Primeira Comunhão, porque acompanha a sua irmã maior, Celina. Ao término da preparação de sua irmã, ela faz a sua Primeira Comunhão espiritual com grande fervor e ardor, como ela nos relata (cf. Ms A 25 v). Prepara-se intensamente à sua Primeira Comunhão com a consciência de unir-se profunda e vitalmente com Jesus através da Eucaristia. Intensifica, por isso, as orações, os pequenos sacrifícios oferecidos a Jesus, visitas ao Santíssimo Sacramento, culminando com a sua primeira confissão e comunhão no dia 8 de maio de 1884. As recordações das suas primeiras duas comunhões, Teresa as descreve de modo muito profundo:

Ah! como foi doce o primeiro beijo de Jesus à minha alma!...

Foi um beijo de amor, sentia-me amada e dizia também: "Amo-vos, dou-me a vós para sempre". Não houve pedidos, lutas, sacrifícios; havia muito que Jesus e Teresinha se haviam olhado e compreendido... Naquele dia, não era mais um olhar, mas uma fusão, não eram mais dois, Teresa havia sumido como a gota d'água que se perde no oceano. Só ficava Jesus (Ms A 35 f).

As expressões de Teresa nos permitem entrever os inícios da união transformante com Cristo, que continuará nos encontros posteriores com Jesus-hóstia. Essa experiência do primeiro beijo de Jesus é o início do amor que levará Teresa ao amor esponsal. Quando ela redige o seu primeiro manuscrito, haviam se passado quatro anos de suas núpcias com Jesus, no entanto as revive com profundos sentimentos de amor e paixão. Logo após a Primeira Comunhão, Teresa recebe o sacramento da Crisma (cf. Ms A 36 v-37 f). Esse sacramento é denominado por ela *a visita do Espírito Santo*, que completa a sua iniciação cristã. Recebe a sua terceira comunhão e a descida do Espírito Santo une-a mais estreitamente a Cristo (cf. Ms A 36 v). Sobre esse sacramento, Teresa questiona o fato de esse momento não ser levado muito em consideração, dizendo: "Não compreendia a pouca importância dada à recepção desse sacramento de amor".

A graça da noite de Natal

Teresa se apercebe do movimento que se passa no seu interior, percebe com clareza os seus limites e luta para se superar. Essas atitudes indicam algo de extraordinário que se estava gestando no interior dela, por graça de Deus.

Quase todos os biógrafos de Teresa consideram o evento da noite de Natal como uma virada importantíssima na vida dela, vista como uma graça particular de Deus. Mas, antes de abordar esse evento, faremos uma retrospectiva para entender melhor a incidência dos traumas na personalidade sensível de Teresa, e que a levaram aos bloqueios que a impediam de integrar em si natureza e graça.

Infância marcada por traumas e superproteção

Quando Teresa recebe a ordem de escrever suas memórias de infância, adolescência e sua vida no mosteiro, ela dá a perceber que nada lhe escapa do que lhe ocorre no seu interior e se surpreende com a transformação nela ocorrida. Todos os sofrimentos, todas as dificuldades, todos os traumas poderiam tê-la conduzido a um outro destino. No entanto, ao colher os frutos de todo esforço que lhe coube, ela atribui tudo à ação da graça, unida à vontade dela de superação.

Teresa nasce no dia 2 de janeiro de 1873 e sua mãe já se encontrava com a saúde bem fragilizada, com um tumor no seio. O aleitamento materno não acontece e Teresa deve passar uma temporada na roça, com Rosa Tallé, sua ama. Foi a sua primeira separação, que marcou a sua infância, mas reintegra-se à família após um ano. Durante os quatro primeiros anos, ela é uma criança feliz, alegre (cf. Ms A 11 e 12 f). Criança feliz, acima de tudo, porque é amada. É um dado importantíssimo que marcou toda a sua vida, embora nas etapas posteriores não tenha sido poupada de traumas que poderiam tê-la conduzido a outros resultados. Aos 4 anos e meio, como ela mesma relata, perde toda a vitalidade e alegria, recuperando-a na adolescência, na noite de luz (cf. Ms A 12 f).

Viver é usufruir da vida, de tudo o que ela pode oferecer do relacionamento positivo consigo, com as pessoas, com o mundo circundante e com Deus. Os fatores intrapsíquicos acionam o processo de evolução e maturação, e o resultado depende da criatividade e determinação da pessoa diante das situações que desafiam tomadas de decisão acertadas.[1] Essa evolução e maturação, muitas vezes, não encontram o seu curso normal, processo condicionado por fatores pessoais ou ambientais.

A morte da mãe marca a infância de Teresa, bloqueando o seu processo de maturação psicoafetiva (cf. Ms A 12 v). A alegria da criança se esvai completamente e ela se deprime, volta-se completamente sobre si, e em torno dos familiares, não conseguindo elaborar essa importante perda. No mesmo dia do enterro da mãe, elege Paulina como segunda mãe. Paulina torna-se, a partir de então, seu ideal e sua confidente, seu juiz e guia espiritual. Projeta também sobre o pai o desejo de ter uma mãe, e sente a necessidade de ser por ele reconhecida, numa dependência total (cf. Ms A 21).

Teresa relata os cuidados de seu pai e de suas irmãs para protegê-la, para que nenhuma informação externa pudesse levá-la a ter um autoconceito ilusório, e todas as observações provinham da própria família, dependendo totalmente dela.

O momento de ampliar o seu relacionamento, de abrir-se ao mundo, de relacionar-se com as pessoas fora do convívio familiar, é o momento mais doloroso para Teresa (cf. Ms A 21 v). O trauma da perda da mãe ainda na infância é reaberto com a perda de Paulina, sua segunda mãe, que ingressa no Carmelo. Não o suportando, Teresa cai enfer-

---

[1] Cf. GIORDANI, B. *Psicoterapia umanistica*. Assisi, Cittadella, 1998, pp. 30-46.

ma, com todas as manifestações de neurose, e só se liberta quando a Virgem lhe sorri (cf. Ms A 30 v). A família de Teresa, diante da impotência da medicina da época, põe suas esperanças na força da fé, que pode remover montanhas. Recorre à Virgem do Sorriso, devoção da família, e se agarra à intervenção de Deus por intercessão poderosa da Virgem Santíssima. O fenômeno extraordinário do sorriso da Virgem livra Teresa da hipersensibilidade que a mantinha *presa* em um círculo vicioso. Teresa livra-se dos sintomas da neurose, mas permanece ainda frágil psiquicamente, não tendo ainda o domínio de si mesma (cf. Ms A 44-45).

Antes de completar a sua cura, ela experimenta uma outra graça, a libertação da *doença terrível dos escrúpulos* (cf. Ms A 39 v). Para superar esse tormento dos escrúpulos, conta com a ajuda de sua irmã Maria, sua confidente, que também a abandona para entrar no Carmelo (cf. Ms A 39 f-v). Recorre, então, com intensidade a seus irmãos falecidos e, antes da noite de Natal, obtém a graça da libertação interior (Ms A 44 f).

A noite da conversão

É exatamente na noite de Natal de 1886, adolescente com 13 para 14 anos de idade, quando se temia uma inundação de lágrimas de Teresa diante da expressão de enfado do pai ao ver os sapatos de Teresa junto à lareira, que ela consegue conter-se e superar a sua hipersensibilidade. Fugindo ao seu modo habitual de reagir chorando, ela relata:

> Reprimindo minhas lágrimas, desci rapidamente e, comprimindo as batidas do coração, peguei meus sapatos... então, colocando-os diante de papai, tirei alegremente to-

dos os objetos, parecendo feliz como uma rainha. Papai ria também, voltara a ficar alegre e Celina pensava sonhar!... Felizmente, era uma doce realidade (Ms A 45 f).

Esse fato indica uma maravilhosa colaboração entre a liberdade de Teresa e a graça de Deus que a vai conduzindo. A graça da noite de Natal representa para ela o marco inicial do domínio de si. Não é mais escrava de tantos condicionamentos como escrúpulos, suscetibilidade, dependências e inseguranças, que lhe dificultavam chegar à conquista de sua identidade pessoal, a sua singularidade como ser único e irrepetível.

A superação das dificuldades, dos desafios que a vida impõe, vai forjando a pessoa interiormente, tornando-a forte, confiante e capaz de lançar-se sempre mais. E esta é a condição para superar tantas outras que advirão na vida de Teresa. E ela tem consciência disso:

> Nessa noite em que se fez fraco e sofrido pelo meu amor, fez-me forte e corajosa, equipou-me com suas armas e, desde essa noite abençoada, não saí vencida em nenhum combate. Pelo contrário, andei de vitória em vitória e iniciei, por assim dizer, "uma corrida de gigante"! (Ms A 44 v).

Teresa, relatando esse episódio, recorda as circunstâncias da missa da meia-noite, durante a qual encontrara Jesus, que se abaixara tornando-se um menino e ainda mais na sua presença Eucarística. Havia encontrado Deus forte e poderoso, que se manifestou na sua fraqueza e fragilidade (cf. Ms A 44 v- 45 f). Jesus forte e poderoso se fez fraco para que ela, pequena e fraca, pudesse tornar-se forte e corajosa. "Foi em 25 de dezembro de 1886 que recebi a graça de sair da infância, em suma, a graça da minha completa conversão" (Ms A 45 f).

Na graça da noite de Natal, Teresa entra na lógica da divinização, isto é, na lógica de Deus feito homem para que o homem se divinizasse.[2] A participação no Mistério de Deus, em que se revelam ao mesmo tempo a força e a fraqueza, transformará Teresa interiormente, libertando-a de todas as atitudes infantis que a faziam sofrer terrivelmente. Com a experiência da noite de Natal, dá-se o encontro com Cristo, que marcará definitivamente o rumo do seu caminho espiritual.

Teresa usa a palavra *conversão* para descrever a graça recebida: "Foi em 25 de dezembro de 1886 que recebi a graça de sair da infância, em suma, a graça da minha completa conversão" (Ms A 45 f). Não se trata de uma conversão da incredulidade na fé em Deus, mas no sentido de mudança, de transformação. Como ela mesma diz nessa noite de luz, começava aí o período mais bonito da vida dela, o mais cheio das graças do céu (Ms A 45 v). Essa mudança pode ser considerada conversão no sentido de orientar-se com docilidade à ação de Deus, procurando seguir sempre a moção divina para alcançar a plenitude espiritual. A transformação foi muito radical, a ponto de exclamar: "Operou-se tal mudança em mim que não sou reconhecível..." (Ms A 43 f).

Teresa usa também a palavra transformação, dizendo: "Jesus, a doce criancinha recém-nascida, transformou a noite da minha alma em torrentes de luz..." (Ms A 44 f). Ela, na graça de Natal, como demonstram suas palavras, faz a experiência da transformação realizada por Jesus. O amor de Cristo que penetra o coração de Teresa operou nela

---

[2] Cf. LÉTHEL, F. M. *L'amore di Gesù*. Cittá del Vaticano, Editrice Vaticana, 1999.

essa transformação. Como ela afirma, foi tal a mudança que ela mesma não se reconhece mais. Teresa não é mais a mesma, de criança mimada sente-se adulta, forte, capaz de enfrentar dificuldades e, revestida de armas, é capaz de combater com coragem os seus adversários (cf. C 201). A sua transformação não se refere apenas à dimensão psicológica. Trata-se de uma transformação que alcança o mais profundo do ser: o coração, como ela mesma afirma: "Jesus havia mudado o meu coração!" (cf. Ms A 35 f). O coração é a sede do amor, da vontade que torna possível vencer o egoísmo infantil e doar-se a si mesma.

Com a graça recebida, começa o novo período na vida de Teresa. Nasce uma nova Teresa profundamente transformada. Com João da Cruz, poderíamos dizer, ela começa o percurso progressivo de transformação no amor. Esse percurso, porém, foi fruto do esforço que toda mudança pessoal exige. E a graça de Deus nela não foi vã. A graça supõe a natureza, portanto, o amor que Teresa alimentava por Jesus Cristo a impulsionava à prática de virtudes, o que nem sempre foi fácil:

> A prática da virtude tornou-se para nós suave e natural; no começo, meu rosto deixava transparecer a luta, mas aos poucos essa impressão desapareceu e a renúncia passou a ser fácil para mim, quase espontânea (Ms A 47 v).

Teresa percebeu que quem poderia dar um rumo para sua vida era ela mesma. Ela seria aquilo que ela mesma decidisse ser. E a transformação operada pela força de Deus na noite de Natal possibilitou-lhe a mudança desejada: "desejava ter sobre minhas ações um domínio absoluto, ser a dona, não a escrava" (Ms A 42 v).

Livre e longe de suas suscetibilidades, ocupa-se com tudo aquilo que poderia contribuir para romper o seu egocentrismo. Deixando de *dobrar-se sobre si mesma*, o seu olhar e o seu coração se projetam para horizontes mais amplos:

Em pouco tempo, Deus conseguira fazer-me sair do círculo apertado no qual eu girava sem encontrar saída. [...] Senti um desejo imenso de trabalhar pela conversão dos pecadores, desejo que não sentira tanto antes... Em suma, senti a *caridade* entrar em meu coração, a necessidade de me esquecer para agradar e, desde então, fiquei feliz!... (Ms A 45 v).

O chamado ao Carmelo

Teresa, desde a sua tenra idade, era atraída fortemente pelo amor de Cristo, sentia-se chamada por Jesus. Esse sentimento toma proporções gigantescas no coração de Teresa após "a noite de minha conversão", como ela se expressa. Rompido o círculo vicioso em que se encontrava, ocupa-se do seu primeiro "filho espiritual Pranzini" (Ms A 46 f). Transformada interiormente, começa a tomar todas as iniciativas para ingressar no Carmelo:

Como diz São João da Cruz em seu cântico: "Não tinha guia nem luz, fora aquela que brilhava em meu coração, essa luz guiava-me com mais segurança que a do meio-dia para o lugar onde me aguardava aquele que me conhece perfeitamente". Esse lugar era o Carmelo. Antes de "descansar à sombra daquele que eu desejava", devia passar por muitas provações, mas o chamamento divino era tão intenso que, mesmo que tivesse de atravessar as *chamas*, o teria feito para ser fiel a Jesus... (Ms A 49 f).

Teresa é fiel a si mesma, não se subtrai um milímetro sequer de suas resoluções. É como alguém que desejou algo na infância e o realiza na maturidade. O que ela idealizou é que ocupará sempre a sua mente. No momento da síntese, após vinte anos, conserva viva na memória o que constituíra o ponto de partida de todo caminho espiritual já percorrido:

> Com frequência, ouvia dizer que Paulina seria *religiosa*; então, sem saber direito de que se tratava, pensava: *Eu também serei religiosa*. Essa é uma das [minhas] primeiras recordações e, desde então, nunca mudei de resolução!... Fostes vós, querida madre, que Jesus escolheu para me fazer noiva dele, não estáveis na ocasião perto de mim, mas já um laço se formara entre nossas duas almas... Éreis meu *ideal*, queria ser semelhante a vós e foi vosso exemplo que, desde os meus 2 anos, me atraiu para o Esposo das Virgens... (Ms A 6 f).

Relevando ainda a graça de Natal, menos de um ano antes de sua morte, Teresa escreve ao Pe. Roulland quanto foi decisiva essa graça para a sua vocação:

> A *noite* de Natal de 1886 foi decisiva para a minha vocação, mas, para a designar com mais propriedade, devo chamá-la a noite da minha conversão. Nessa noite abençoada, a respeito da qual está escrito que ilumina as delícias do próprio Deus, Jesus que se fazia criança por meu amor, dignou-se desprender-me das faixas e das imperfeições da infância (C 201).

Teresa é envolvida por um sentimento intenso de amor a Jesus que invade o seu coração e a impulsiona a dirigir sua atenção para todos os pecadores que se encontram distantes da realidade que ela experimenta no profundo de seu ser. A sua atenção volta-se para a realidade do mundo que a circunda. E seu empenho e zelo pelas almas têm um nome: Jesus.

Ao olhar uma foto de Nosso Senhor na cruz, fiquei impressionada com o sangue que caía de uma das suas mãos divinas. Senti grande aflição, pensando que esse sangue caía no chão sem que ninguém se apressasse em recolhê-lo. Resolvi ficar, em espírito, ao pé da cruz para receber o divino orvalho que se desprendia, compreendendo que precisaria, a seguir, espalhá-lo sobre as almas... O grito de Jesus na cruz ressoava continuamente em meu coração: "Tenho sede!". Essas palavras despertavam em mim um ardor desconhecido e muito vivo... Queria dar de beber a meu Bem-amado e sentia-me devorada pela sede das almas... Ainda não eram as almas dos sacerdotes que me atraíam, mas as dos grandes pecadores. Ardia do desejo de arrancá-los às chamas eternas... (Ms A 45 v).

Começa, assim, o seu terceiro período esquecendo-se de si mesma, procurando imitar a lógica do amor de Jesus Cristo, que se abaixou, fazendo-se pequeno, participando do seu aniquilamento no mistério da encarnação e da cruz.

O abaixamento

É próprio que, quando Teresa experiencia a virada que se dá na sua vida na noite de Natal, em que, contemplando o mistério da *kénosis* do Filho de Deus, descobre a atitude própria de Deus-Amor, isto é, *o abaixar-se* (Ms A 2 v), ela deseje imitar aquele que se abaixou até tornar-se pequeno e pobre, humilde e sofredor (cf. O 4; P 20; Ms B 5 v). Teresa faz dessas manifestações *kenóticas* de Jesus as indicações para o próprio caminho espiritual, cujo dinamismo é sempre se tornar menor, abaixar e assemelhar-se a Jesus que, por amor, se encarnou no seio da Virgem Maria e, morrendo na cruz e ressuscitando dos mortos, se doa na Eucaristia (cf. P 1). É preciso entrar na lógica da esponsalidade, recorrendo ao livro do Cântico dos Cânticos, para melhor compreender o caminho *kenótico* de Teresa. Como a esposa do Cântico dos Cânticos, ela procura o seu Esposo e o acha escondido nos diversos mistérios de sua vida que formam os momentos fortes do seu itinerário de abaixamento: o presépio, a cruz, a Eucaristia (cf. C 108; 110; 115).

A encarnação

O mistério do abaixamento de Cristo, que corresponde à *kénosis* no seu sentido próprio, para Teresa, é a encarnação do Filho de Deus. Relevamos, pois, no caminho espiritual de Teresa, a figura do Menino Jesus, o tema da pequenez: dois mistérios cristológicos da encarnação e da Paixão.

Menino Jesus

A importância da figura do Menino Jesus não é dada casualmente na vida de Teresa. É como o alimento que, a partir do nascimento, vai construindo e robustecendo o seu físico. Assim, ainda criança-adolescente registra quanto o Menino Jesus ocupava o seu imaginário religioso numa relação amorosa e obsequiosa (cf. C 9; C 11). O relato que Teresa faz também da escolha do seu nome religioso é bem significativo:

... pensava no nome que eu teria no Carmelo. Sabia haver uma Santa Teresa de Jesus, mas não podia ser alijada do meu belo nome de Teresa. De repente, pensei no Menino Jesus, a quem tanto amava, e disse para mim mesma: "Oh! como seria feliz em ser chamada de Teresa do Menino Jesus!". Nada disse no parlatório do sonho que tivera acordada, mas essa boa Madre M. de Gonzaga, perguntando para as irmãs qual o nome que deveria usar, veio-lhe à mente chamar-me pelo nome que eu tinha sonhado... Minha alegria foi grande e esse feliz encontro de pensamento pareceu-me uma delicadeza do meu Bem-amado Menino Jesus (Ms A 31 v).

A origem do culto do Menino Jesus é, com certeza, o mesmo evento da encarnação do Filho de Deus transmitido pela Palavra de Deus e pela tradição da Igreja, que Teresa encontra e aprofunda. O influxo de algumas correntes espirituais da França na época e da espiritualidade carmelitana também deve ter sido incisivo na espiritualidade de Teresa. Léthel[3] menciona o Cardeal Pierre Bérulle, fundador da escola francesa de espiritualidade, chamado o teólogo do Deus Menino, tema central do seu pensamento teológico. Outra influência é atribuída à tradição devocional recomendada por Teresa d'Ávila e divulgada sobretudo pela Irmã Anna de Jesus, fundadora do Carmelo na França.

O evento mais significativo, com certeza, é a grande graça que Teresa experimenta na noite de Natal de 1886 – a graça da intervenção extraordinária de Jesus Menino na sua vida (cf. Ms A 44 v- 45v). Outro momento importante para a sua devoção a Jesus Menino é a oferta feita durante a peregrinação em Roma, quando Teresa expressa o seu desejo

---

[3]   Ibid., pp. 215-216.

de ser o seu pequeno brinquedo, a pequena bola nas suas mãos, com o objetivo de dar-lhe prazer e abandonar-se confiantemente a ele:

Havia algum tempo oferecera-me ao Menino Jesus para ser seu brinquedinho. Tinha-lhe dito para não me usar como brinquedo caro que as crianças só podem olhar sem ousar tocar, mas como uma bola sem valor que podia jogar no chão, dar pontapés, furar, largar num cantinho ou apertar contra seu coração conforme achasse melhor; numa palavra, queria divertir o Menino Jesus, agradar-lhe, queria entregar-me a suas manhas de criança... Ele aceitou minha oferta... (Ms A 64 f).

Nos seus escritos, Teresa trata do mistério da infância de Jesus e procura imitar a atitude de abaixamento do Filho de Deus, atitude própria de amor. Nos escritos de Teresa, os temas relativos à encarnação, a Jesus Menino, à infância de Jesus são muito frequentes (cf. Ms A 52 f; 64 f; C 39; 40; 156; 266; O 13). As referências mais importantes são aquelas que se encontram nas poesias dedicadas ao nascimento de Jesus: *O orvalho divino ou o leite virginal de Maria* (P 1); *Menino, conheces meu nome* (P 42); *O viveiro do Menino Jesus* (P 43); *Uma rosa desfolhada* (P 51); *Deus escondido nos traços da infância* (PS 1); *Surgiu lá no Oriente* (PS 2); e nos recreios piedosos (obras teatrais): *Os anjos no presépio de Jesus* (RP 2); *O Divino Pequeno mendigo de Natal pedindo esmola às carmelitas* (RP 5); *A fuga para o Egito* (RP 6). O alcance da compreensão de Teresa do mistério da encarnação vem traduzido poeticamente de uma forma profunda, em que até os anjos permanecem maravilhados sem poder compreender o abaixamento de Deus.

Ó Deus! no cueiro
Os anjos encanta,
Verbo feito criança,
Tremendo para ti minha cabeça curvo.

Quem este mistério compreenderá?
Um Deus criancinha se faz!
Vem na terra exilar-se
Ele, o Eterno... O Onipotente! (RP 2).

Jesus Menino é objeto de contemplação de Teresa encontrado também em outros escritos que não são dedicados aos temas de Natal. A Palavra contemplada é sempre voltada a refletir na sua vida, traduzida no desejo de permanecer sempre pequena e com muita humildade para assemelhar-se a Jesus e merecer que ele habite nela (cf. RP 1; P 24,9).

A pobreza

A pobreza evangélica, podemos dizer, é uma renúncia radical, uma humildade total e, consequentemente, uma confiança ilimitada em Deus. É a disposição essencial apontada pela Bíblia, que confere grandeza à mística do povo de Israel, vivida por Maria de Nazaré e assumida por Jesus Cristo, que se fez pobre. Jesus será o grande pobre em espírito, que anunciará a Boa-Nova aos pobres e que pregará a misericórdia do Pai.

Nas suas poesias, Teresa reflete as condições humanas do Senhor. Sublinha que nasce e vive em ambiente pobre, que sofreu sede, fome, cansaço, que não tinha onde reclinar a cabeça. Seguir Jesus pobre foi para Teresa o programa de toda a sua vida.

Eis aqui aonde devemos descer para poder servir de morada a Jesus. Ser tão pobre que não tenhamos onde repousar a cabeça. Eis, minha Celina querida, o que Jesus operou na minha alma durante meu retiro... Entende que se trata do interior. Aliás, o exterior não foi, já, reduzido a nada pela provação de Caen?... Em nosso Pai querido, Jesus atingiu-nos na parte exterior mais sensível do nosso coração, agora, deixemo-lo agir, Ele saberá concluir sua obra em nossas almas... O que Jesus deseja é ser recebido em nossos corações, sem dúvida já estão vazios das criaturas, mas ai! Sinto que o meu não está totalmente vazio de mim mesma e é por isso que Jesus me diz para descer... (C 137).

A palavra de ordem em Teresa é descer sempre, voltar-se para dentro. Insiste sobre a pobreza de espírito. Jesus mesmo é quem permite o empobrecimento daqueles que ele ama: faz desaparecer os dons exteriores, mostra-lhes o próprio *nada*, apressa-se em aperfeiçoá-los em segredo (C 145).

Jesus é um tesouro oculto, um bem inestimável que poucas almas sabem encontrar, pois ele está escondido e o mundo gosta do que brilha. Ah! se Jesus tivesse desejado mostrar-se a todas as almas com seus dons inefáveis, sem dúvida, nem uma só o teria rejeitado. Mas não quer que o amemos pelos seus dons; é ele mesmo que deve ser a nossa recompensa. Para encontrar uma coisa escondida, é preciso a gente também se esconder; portanto, nossa vida deve ser um mistério, é necessário parecer-nos com Jesus, cujo rosto estava oculto... (C 145).

Outro símbolo retrata esse processo de empobrecimento espiritual em Teresa, antes mesmo de ingressar no Carmelo:

Oh! sim, Paulina, quero ser sempre o grãozinho de areia...
como tua carta me fez bem! Se soubesses como ela foi até
o fundo do meu coração. Queria dizer-te muitas coisas a
respeito do grãozinho de areia, mas não tenho tempo...
(Quero ser uma santa...) (C 45).

A busca da humildade se faz cada vez mais evidente.
O desejo de escondimento, sofrimento, humildade é fruto
da devoção à Sagrada Face de Jesus:

Pedi para vossa filhinha permanecer sempre um grãozinho
de areia muito obscuro, muito escondido a todos os olha-
res, que só Jesus possa vê-lo; que passe a ser cada vez mais
pequenino, que seja reduzido ao nada... (C 49).

Para Teresa, a pequenez e a pobreza de Jesus são
a demonstração da grande humildade delineada por ela
também não simplesmente como um conceito abstrato para
descrever a *kénosis* de Cristo, mas como uma experiência
vivida em primeira pessoa no Carmelo:

Os grandes, os nobres da terra
Todos têm palácios suntuosos
Casebres, pelo contrário, são
As moradias dos infelizes.

Assim vede num estábulo
O Pobrezinho do Natal
Cobre sua glória inefável
Deixando seu palácio do céu!

A pobreza, vosso coração ama
Nela, a paz encontrais

Portanto, Irmã querida, sois vós
Que Jesus quer como palácio.
Sois vós *(bis)* que Jesus quer por palácio (RP 5, 17).

Na pobreza teresiana, podemos constatar um contínuo e gradual processo que tende à mais profunda radicalidade, a um contínuo esvaziar-se, que podemos chamar de contínua *kénosis* até a extrema pobreza, a exemplo daquele que, sendo rico, se fez pobre: "alegrei-me por ser pobre, passei a querer sê-lo cada dia mais" (C 176).

O presépio e a cruz

A reflexão de Suchorab Radoslaw[4] serve de inspiração para o enfoque *kenótico* na doutrina e espiritualidade de Teresa, que, segundo ele, *os dois grandes mistérios da vida de Cristo, isto é, a encarnação e a Paixão, que correspondem ao abaixamento do Filho de Deus, são, para Teresa, inseparáveis e exprimem o mesmo e único mistério da redenção.*

Suchorab releva que essa inseparável união é visível, sobretudo no seu nome religioso. O momento exato da aliança entre o mistério da encarnação e o da Paixão na vida espiritual de Teresa é o dia da Vestição de *Teresa do Jesus Menino*, quando acrescenta a segunda parte, *e da Sagrada Face*. Percebe-se o progressivo caminho de abaixamento, a exemplo de Jesus Cristo, também nos seus escritos, nas imagens que admirava e contemplava, no brasão desenhado por ela e no quadro pintado em 1894, que representa o sonho de Jesus Menino. O conteúdo da pintura ela o descreve na carta endereçada à Madre Inês:

---

[4] SUCHORAB, R. *La cristificazione paolina nella vita, nella dottrina e nell'esperienza spirituale di Santa Teresa di Gesù Bambino e del Santo Volto.* Pontificia Università Gregoriana, 2012.

Enquanto brinca com as flores trazidas ao seu presépio pela sua esposa querida, Jesus pensa no que fará para lhe agradecer... [...] Porém, caiu a noite. A lua manda seus raios prateados e o meigo Menino Jesus adormece... Sua mãozinha não larga as flores que o encantaram durante o dia e seu coração continua sonhando com a felicidade da sua querida esposa. De repente, vê ao longe objetos estranhos que nada têm a ver com as flores primaveris. Uma cruz!... Uma lança!... Uma coroa de espinhos! E apesar disso o divino Menino não treme (C 156).

O caráter esponsal da relação entre Jesus e uma pessoa a ele consagrada, indicado no maço de flores que Jesus Menino segura nas mãos e que significa as virtudes e o amor oferecidos (cf. C 156). O mesmo conceito de união entre os mistérios de Cristo e a participação de Teresa neles pode ser encontrado na sua síntese teológica expressa nos brasões de Jesus e de Teresa, que exprimem três fases do caminho *kenótico* de Cristo: a encarnação, a Paixão e a Eucaristia (Ms A 85 v). De fato, os principais símbolos que a santa usa em todos os seus escritos estão aqui reunidos e articulados, os grandes mistérios da fé.

O símbolo essencial é o símbolo esponsal dos brasões, com certeza, inspirados na Sagrada Escritura através de João da Cruz. A Trindade com o símbolo do triângulo, a encarnação com Jesus Menino, a redenção com a Sagrada Face, Maria com a estrela. A esposa de Jesus, que é inseparavelmente a Igreja e Teresa, vem representada com os símbolos da flor, dos ramos, da harpa e dos cachos de uva.[5]

---

[5] LÉTHEL, F. M. *La luce di Cristo nel cuore della chiesa*. Roma, Editrice Vaticana, 2011.

O itinerário espiritual de Teresa espelha o movimento descendente do Verbo de Deus. Teresa, unida ao seu Esposo divino, deseja corresponder ao seu amor manifestado nos mistérios da sua *kénosis*. Ela o expressa nos símbolos da coroa de espinhos e nos dizeres abaixo dos brasões: "O amor só se paga com amor" (Ms A 85 v).

A Paixão de Cristo no mistério da encarnação pode ser encontrada também nos escritos de Teresa, entre os quais salientamos "Os anjos no presépio de Jesus" (RP 2). Nessa recreação piedosa, Teresa contempla todas as etapas do movimento abaixamento-exaltação de Cristo: a encarnação, a Paixão, a ressurreição, a Eucaristia, o Juízo Final. Podemos entrever que o presépio e a cruz são para ela os dois polos do mesmo mistério do abaixamento de Cristo. Na poesia "Uma rosa desfolhada" (P 51), escrita no dia 19 de maio de 1897, uma das suas últimas poesias, Teresa, através do símbolo da rosa desfolhada, exprime o mistério do abaixamento de Cristo na sua encarnação e na sua Paixão, mas também o dela, que à imitação de Cristo quer desfolhar-se, isto é, imolar-se como Cristo se imolou:

A rosa desfolhada é a imagem verdadeira,
Divino Infante,
De uma vida que quer se imolar toda inteira
A cada instante.
Muita rosa deseja irradiar formosura
Em teu altar,
Numa doação total... Busco ambição mais pura:
"Desfolhar-me!..."

Por ti devo morrer, Beleza eterna e viva
Que sorte de ouro!
Desfolhando-me dou prova definitiva

Que és meu tesouro!...
Teus passos infantis eu sigo, em meu fadário,
Vivendo aqui em teus braços,
Pensando em suavizar, na estrada do Calvário,
Os teus últimos passos!...(P 51, 2.5).

Quando Teresa compõe essa poesia, já se encontra com a saúde bastante agravada. Gradualmente, deve subtrair-se de todas as atividades na comunidade, que é como *desfolhar-se*. Teresa começa o calvário da sua doença e a experiência da participação do calvário com Cristo. A participação da cruz e da morte de Cristo é um dos pontos principais no caminho espiritual do cristão.

A Sagrada Face

Após a grande graça do Natal de 1996, Teresa permanece fiel à sua decisão de "ficar, em espírito, ao pé da cruz para receber o divino orvalho que se desprendia, para a seguir, espalhá-lo sobre as almas..." (Ms A 45 v).

A presença do mistério da Paixão de Cristo e a sua importância na vida espiritual de Teresa são confirmadas, de modo particular, pela escolha da segunda parte de seu nome religioso. Este tem um profundo significado espiritual e corresponde à experiência vivida por Teresa. Jesus Menino e a Sagrada Face indicam os dois elementos fundamentais da sua espiritualidade.

Os primeiros anos de Teresa no Carmelo são marcados, sobretudo, pelo amor esponsal com Jesus crucificado. O contexto a fere profundamente com a doença de seu pai. Teresa reconhece no sofrimento e na face de seu pai, marcada pela doença, o sofrimento e a Face de Jesus Cristo humilhado durante a sua Paixão, o que lhe dá um novo impulso para viver intensamente o mistério da Santa Face de Cristo:

Como a Face Adorável de Jesus, velada durante sua Paixão, assim a face do seu fiel servo devia ficar velada nos dias dos seus sofrimentos, a fim de poder resplandecer na Pátria Celeste junto a seu Senhor, o Verbo Eterno!... (Ms A 20 v).

É nesse contexto que Teresa aprofunda a devoção à Santa Face de Jesus:

A florzinha transplantada sobre a montanha do Carmelo ia desabrochar à sombra da cruz; as lágrimas, o sangue de Jesus foram seu orvalho. Seu sol foi a Face Adorável coberta de lágrimas... Até então, não tinha imaginado a imensidade dos tesouros escondidos na Sagrada Face. Foi por vosso intermédio, querida madre, que aprendi a conhecê-los, assim como, em outro momento, precedeu a todas nós no Carmelo, da mesma forma sondastes primeiro os mistérios de amor escondidos no Rosto do nosso Esposo (Ms A 71 f).

Teresa retoma os mais diversos símbolos para expressar o seu desejo de assemelhar-se a Jesus:

Ah! Como o de Jesus, queria que: "Meu rosto fosse verdadeiramente escondido, que ninguém me reconhecesse nesta terra". Tinha sede de sofrer e ser esquecida...

Como é misteriosa a via pela qual Deus sempre me conduziu, nunca me fez desejar alguma coisa sem dá-lo a mim, por isso seu amargo cálice me pareceu delicioso... (ibid).

Teresa aplica à Sagrada Face o símbolo do lírio (cf. C 102; 103; 105). Partilha a nova descoberta da Face de Jesus a partir da Sagrada Escritura (cf. C 108; 141). Nas cartas 142 e 144, dedicadas à sua irmã Celina, reaparece a aplicação do amor esponsal de Jesus crucificado.

As poesias são proclamadas com grande veemência e paixão como por alguém que possui o coração e a face de Jesus (cf. P 20; 24).

Minha única pátria é Tua Face,
Ela é também o meu Reino de amor,
Ela é minha campina sorridente,
Meu encantado sol de cada dia.
Ela é o lírio do vale, Tua Face,
Da qual se evola o olor misterioso
Que consola minh'alma neste exílio
E a faz saborear a paz do céu.

Ela é minha doçura, meu repouso,
A minha lira cheia de harmonia...
A Tua Face, ó terno Salvador,
É esta mirra divina em ramalhete
Que sobre o coração quero guardar!

Ela é minha única riqueza,
A qual, se eu possuir, não peço mais;
Escondendo-me nela, sem cessar,
Eu serei semelhante a ti, Jesus.
Ah, deixa bem impressa em mim a marca
Dos teus traços repletos de ternura
E assim me tornarei logo uma santa
E atrairei pra ti os corações.

Para poder aqui armazenar
Uma bela colheita bem ceifada,

Abrasa-me, Senhor, com tuas chamas,
Dá-me logo, com teus lábios dourados,
O beijo da eternidade! (P 20, 3-6).

A santidade da qual Teresa não desiste é a semelhança com Jesus, e esse desejo é sempre orientado para a
salvação dos irmãos. Nos três verbos, a carmelita exprime
três aspectos de uma mesma realidade, que é o seu grande
desejo e a sua grande segurança: "Eu serei semelhante a ti,
Jesus ... E assim me tornarei logo uma santa... E atrairei para
ti os corações".

O amor de Teresa pela Sagrada Face encontra a sua
expressão culminante na sua "Consagração à Sagrada Face"
(O 12), composta para a festa litúrgica da transfiguração, no
dia 6 de agosto de 1896. Teresa envolve nessa consagração
Celina e Irmã Maria da Trindade, que tinham também no
nome religioso a palavra: a Sagrada Face.[6]

Após o versículo 21 do Salmo 30: "Senhor, escondei-
-nos no segredo de vossa Face!...", Teresa cita livremente
São João da Cruz:

> O menor movimento de puro amor é mais útil à Igreja do
> que todas as outras obras reunidas... Portanto, é da maior
> importância que nossas almas se exercitem muito no amor,
> a fim de que, consumindo-se depressa, elas parem muito
> pouco neste mundo e cheguem rapidamente a ver Jesus,
> Face a Face... (O 12).

A extraordinária oração que segue é inspirada no
Cântico dos Cânticos (Ct 5,2) e em Isaías (Is 53):

---

[6] Cf. Id. *L'amore di Gesù*, cit., p. 6.

Ó Face Adorável de Jesus! Como vos dignais escolher particularmente nossas almas para vos dardes a elas, acabamos de consagrá-las a vós... Parece, ó Jesus, que vos ouvimos dizer: "Abri para mim, minhas irmãs, minhas esposas bem-amadas, pois minha Face está coberta de orvalho e meus cabelos de gotas da noite". Nossas almas compreendem vossa linguagem de amor; queremos enxugar vosso doce Rosto e consolar-vos dos esquecimentos dos maus, a cujos olhos estais ainda como que escondido. Eles vos consideram como um objeto de desprezo...

Ó Rosto mais belo que os lírios e as rosas da primavera! Não estais escondido a nossos olhos... As lágrimas que turvam vosso divino olhar mostram-se como diamantes preciosos que desejamos recolher para comprar, com seu valor infinito, as almas de nossos irmãos.

De vossa Boca Adorada ouvimos a queixa amorosa; compreendendo que a sede que vos consome é uma sede de amor, gostaríamos de possuir, para vos desalterar, um amor infinito... Esposo Bem-amado de nossas almas, se tivéssemos o amor de todos os corações, todo esse amor seria vosso... Pois bem! Dai-nos esse amor e vinde vos desalterar em vossas pequenas esposas...

Almas, Senhor, precisamos de almas... sobretudo almas de apóstolos e de mártires, para que, por meio delas, inflamemos de vosso amor a multidão dos pobres pecadores. Ó Face Adorável, saberemos obter de vós essa graça!... Esquecendo o exílio à beira dos rios da Babilônia, cantaremos a vossos ouvidos as mais doces melodias; como sois a verdadeira, a única pátria de nossos corações, nossos cânticos não serão cantados em terra estrangeira.

Ó Face querida de Jesus! Esperando o dia eterno em que contemplaremos vossa glória infinita, nosso único desejo é encantar vossos Olhos Divinos, escondendo também o rosto para que, neste mundo, ninguém possa nos reconhecer... vosso Olhar Velado, eis o nosso céu, ó Jesus!... (ibid.).

Essa oração sintetiza todos os grandes temas teresianos. É a realização do grande desejo de Teresa de ser semelhante a Jesus Crucificado. Sob a imagem da Sagrada Face, Teresa escreve a sua brevíssima oração: "Faz com que eu me assemelhe a ti, Jesus!..." (O 11). Podemos dizer que Teresa entra na Paixão de Cristo através do culto à Sagrada Face de Jesus. Ela não somente contempla o Servo Sofredor, mas o acompanha também na sua Paixão, enxugando a sua Face como Verônica (cf. P 17), interpreta os próprios sofrimentos à luz da cruz de Cristo, mostrando a profunda comunhão com Cristo Crucificado:

A alma do profeta Isaías mergulhava, como a nossa, nas BELEZAS OCULTAS de Jesus...[...] Celina, sendo que Jesus foi "o único a pisar o vinho" que nos dá de beber, por nossa vez não recusemos vestir roupas manchadas de sangue... pisemos para Jesus um vinho novo que o desaltere, que lhe retribua amor por amor. Ah! Não percamos uma única gota do vinho que podemos lhe dar... então, olhando ao seu redor, verá que viemos para o ajudar!... Sua face estava como que escondida!... Celina, ainda hoje, está assim, pois quem é que compreende as lágrimas de Jesus?... (C 108).

A Paixão de Teresa

A participação de Teresa na cruz de Cristo alcança o ponto central no momento em que começa o último período da sua doença que acompanha a sua prova de fé. O sofrimento da alma e do corpo marca a última etapa da vida terrena de Teresa, a sua *via crucis* percorrida não só liturgicamente mas também na realidade.[7]

Da fé pura e obscura à *kénosis* da fé apofática

Filha e discípula de João da Cruz, Teresa insiste sobre a pureza e a obscuridade da fé, que é essencialmente *não visão*. Crer significa não ver e não desejar alguma visão na terra, mas aguardar a visão face a face do céu, na qual se extinguirá a fé. Maria é modelo de fé para Teresa. É com ela que ela vive a bem-aventurança da fé: "Feliz aquela que creu" (Lc 1,45). Nesse sentido, Teresa diz a Maria o seu desejo da pura fé em Cristo:

Dize-lhe que comigo nunca se preocupe...
Que se esconda, se quer; consinto em esperar
Até o dia sem poente em que se apaga a fé (P 54, 16).

Para Teresa, ao contrário, o desejo de ter visões é uma falta de fé. Para João da Cruz, esta é uma das mais terríveis tentações da vida espiritual.[8]

Teresa releva em uma das poesias aquilo que Pedro falava aos primeiros cristãos que não haviam conhecido Jesus na sua vida terrena: "A ele, embora não o tenhais visto, amais; nele, apesar de não o terdes visto, mas crendo, vos rejubilais com uma alegria inefável e gloriosa" (1Pd 1,8). Mas ela descreve, sobretudo, a bem-aventurança proclamada por Jesus após a sua ressurreição: "Felizes os que não viram e creram" (Jo 20,29).

---

[7] Cf. GAUCHER, G. *A paixão de Teresa de Lisieux*. São Paulo, Loyola, 1977, pp. 73-90.

[8] Cf. LÉTHEL, F. M. *L'amore di Gesù*, cit., p. 309.

Recorda-te, Jesus, que após tua vitória
Tu dizias: "Aquele que não viu
O Filho do Homem refulgindo em glória
Poderá ser feliz se nele tiver fé!".
Na sombra dessa fé eu te amo e aí te adoro
E, para ver-te, espero em paz a aurora...
Meu desejo não é
Ver-te nesta vida;
Recorda-te...(P 24, 27).

Essa atitude de fé de Teresa é manifestada na sua vida e também nos últimos meses que lhe restaram, repetida nos últimos colóquios, no contexto dramático da prova da fé:

> Desejei não ver o bom Deus e os santos e permanecer na noite da fé do que outros desejam ver e compreender (C A 11/8).

> Não desejo ver o bom Deus na terra. E, no entanto, eu o amo! Amo muito também a Santa Virgem e os santos, mas também não desejo vê-los (C A 11/9).

Quando Teresa pronuncia essas palavras, ela vive a sua *kénosis da fé* com Maria aos pés da cruz. Como, para Maria, a *kénosis* da fé não significa a perda da fé, mas fé que resiste heroicamente na mais dura prova. Aos pés da cruz, ela vive a extrema pobreza espiritual como prova de fé. No entanto, vive uma fase muito fértil de produção das peças teatrais, das poesias, das orações, a ponto de ser interpelada pelas companheiras por viver um período de grandes consolações, ao que Teresa responde:

> Se julgais a partir dos sentimentos expressos nas pequenas poesias que escrevi durante este ano, sou uma alma repleta

de consolações e para quem o véu da fé está quase rasgado. [...] Quando canto a felicidade do céu, a eterna posse de Deus, não sinto alegria alguma, pois só canto o que quero crer. Às vezes, é verdade, um raiozinho de sol vem iluminar minhas trevas; então, a provação cessa por um instante, mas depois a recordação desse raio, em vez de causar-me alegria, torna minhas trevas ainda mais densas (Ms C 7 v).

Teresa descreve essa prova como "um túnel escuro, a invasão das trevas mais densas, que não é mais um véu, mas é um muro levantado até os céus e que encobre o firmamento estrelado..." (cf. Ms C 7v). Fala dessa experiência espiritual de noite, "uma noite ainda mais profunda, a noite do nada" (Ms C 6 v). Experimenta concretamente o estado interior dos incrédulos, vive a repulsa da fé deles, o sofrimento da incredulidade deles, solidarizando-se com a situação deles como também tornando sua a miséria deles. Teresa vive no seu coração o drama dos tempos, a descristianização em ato da modernidade ocidental, isto é, a passagem da fé ao ateísmo em todas as suas formas. A sua experiência de purificação não é somente pessoal, mas de solidariedade com os outros:

Ó Jesus, se for preciso que a mesa por eles maculada seja purificada por uma alma que vos ama, aceito comer sozinha o pão da provação até o momento que vos agradar introduzir-me em vosso Reino luminoso. A única graça que vos peço é a de nunca vos ofender!... (Ms C 6 f).

Um sinal muito evidente da sua união com o Crucificado é a sua primeira hemoptise na Sexta-feira Santa de 1896, que antecipa a sua prova de fé ocorrida na Páscoa do mesmo ano. O seu aniquilamento, a sua *kénosis* da fé pode ser interpretada em chave teológica como uma maternidade espiritual, como uma solidariedade com os pecadores, como já o acenamos enquanto união com Jesus Crucificado na obra da salvação. A prova de fé, uma experiência de amor misericordioso de Deus que transforma e configura Teresa a Jesus Cristo, que a convida a fazer parte do seu mistério pascal através da intercessão redentora pelos pecadores, sobretudo pelos incrédulos.[9]

A paixão e a morte

A Páscoa de 1896 assinala para Teresa o último período de sua vida, a sua paixão, como profunda comunhão e participação na Paixão redentora de Jesus. Um período marcado pela dor física e da alma que se prolongou até a sua morte no dia 30 de setembro de 1897. Paradoxalmente é ao mesmo tempo o período mais bonito, mais fecundo e luminoso no qual a Luz de Cristo se revela como a Luz do indizível amor de Deus, *louco de amor* pela sua criatura infiel e rebelde, que, para salvá-la, sofre e morre sobre a cruz.[10] À origem da doença de Teresa (tuberculose pulmonar), encontramos a sua saúde muito fraca, as condições severas do Carmelo e também a insuficiente assistência médica. Teresa, no início, não tinha consciência da gravidade de sua doença e esperava ainda partir para a missão em Hanoi (Vietnã) (cf. C 221), mas, com o agravamento da doença, o seu estado não lhe permite continuar tampouco com o ritmo da vida comunitária. Teresa manifesta o seu estado de ânimo e as suas convicções sobre a proximidade da morte nos escritos desse período (cf. C 244; P 51; 54), mas interpreta a doença

---

[9] Cf. id., *L'amore di Gesù...*, pp. 319-322.

[10] Cf. id., *La luce di Cristo nel cuore della chiesa*. Roma, Editrice Vaticana, 2011, p. 131.

na chave oblativa: "Amar é tudo dar; depois, dar-se a si mesmo" (P 54, 22).

No dia 8 de julho a sua condição de saúde não lhe permite permanecer na sua cela e deve transferir-se para a enfermaria. É o momento em que na cruz do leito, Teresa, esposa, partilha a sorte do Esposo crucificado, interpretando as palavras de Jesus dirigidas a Santa Maria Alacoque: "A cruz é a cama de minhas esposas; é nela que te farei consumar as delícias de meu amor" (C A 6 de agosto).

A doença avança e consome Teresa sempre mais: as hemoptises, a febre, dores atroses nos pulmões, a fraqueza, suores e calafrios em profusão, as dores nas vias gastrointestinais e nas vias respiratórias, e alcança a sua fase mais dolorosa nos dias 22 a 27 de agosto, quando a tuberculose atinge o intestino, provocando dores insuportáveis: "Sim!!! É uma graça ter fé! Se não a tivesse tido, já me teria suicidado, sem hesitar um só instante" (C A 22 de setembro).[11] A sua agonia começa no dia 29 de setembro.[12]

No dia 30 de setembro, dia da morte, com um gesto simbólico exprime a sua união com a Paixão de Cristo, quando às 15h coloca os braços em forma de cruz, tendo nas mãos o crucifixo: "Segurava seu crucifixo com tanta força, que foi preciso arrancá-lo de suas mãos, para sepultá-la" (C A 30 de setembro).[13] Teresa, morrendo, olha o crucifixo e pronuncia as suas últimas palavras: "Oh! eu o amo!... Meu Deus... eu vos amo!..." (C A 30 de setembro). Passada a agonia, após o seu último respiro, permanece o sorriso nos lábios. Teresa *entra na vida* (cf. C 244) e nesse momento

---

[11] Cf. GAUCHER, op. cit., p. 86.

[12] Ibid., p. 88.

[13] Ibid., p. 90.

se realiza o seu desejo da morte de amor[14] e de martírio, a exemplo de sua heroína Joana D'Arc.

Teresa, chamada a ser mãe das almas, sabe que através do sofrimento é que se dão à luz as almas a Jesus. Segundo suas palavras: "Não é 'a morte' que virá me buscar; é o bom Deus. A morte não é um fantasma, um espectro horrível, como a representam nas estampas" (C A 1º de maio).

A Eucaristia

Teresa, contemplando o mistério da *kénosis* do Filho de Deus, acrescenta mais outro grau do seu abaixamento, isto é, a sua presença eucarística. No símbolo dos brasões, como já acenamos, Teresa indica três fases do abaixamento de Cristo: a encarnação (Jesus Menino), a Paixão (a Sagrada Face) e a Eucaristia (a videira e o pequeno cacho de uva). Para ela, a Eucaristia não é um mistério à parte, mas é inseparavelmente ligado às fases precedentes com as quais forma um único mistério de Cristo.[15]

Teresa contempla na Eucaristia Jesus Cristo, a Vítima de Amor, o Cordeiro de Deus imolado pelos pecadores:

Sim, ei-lo, o Verbo feito hóstia,
Sacerdote eterno, Cordeiro sacerdotal,
O Filho de Deus é o Filho de Maria,
O Pão do Anjo é o leite virginal (P 1, 5).

---

[14] Inspirando-se na frase de João da Cruz, Teresa afirma que ela, a morte de amor, é sobretudo a morte de Jesus que foi vítima de amor (C A 4 de abril). Segundo ela, "Morrer de amor não é morrer em arrebatamento", por isso Teresa quer conformar-se à sua morte, morrendo como uma vítima de amor, queimada pelo fogo do amor.

[15] Cf. DESCOUVEMONT, P.; LOOSE, H. N. *Thérèse et Lisieux...*, pp. 188.190.198-200.274. Cf. Lt 234; P 39.

O Cordeiro tão Manso
Desce até vós
Sede sua branca e pura hóstia (RP 5, 10).

Segundo Teresa, na hóstia consagrada Jesus revela a sua pequenez, o seu mais profundo abaixamento, porque na Eucaristia ele se faz pequeníssimo até onde não é mais possível ser, isso por amor. O conceito de Deus que se faz pequeno na Eucaristia é presente em Teresa já na sua infância, quando sua irmã Celina, preparando-se para a Primeira Comunhão, pergunta: "Como é possível Deus estar em tão pequena hóstia?". E Teresa respondeu recorrendo ao atributo da onipotência de Deus: "Não é tão estranho, pois Deus é onipotente" (Ms A 10 f). Essa convicção do abaixamento de Cristo Teresa o expressa nos seus escritos:

Eu, nesta terra vim
Para no altar adorá-lo
Na Eucaristia oculto
Vejo o Deus Onipotente
Vejo o autor da vida
Muito mais que uma criança! (RP 2, 5).

Para Teresa, a manifestação exterior do abaixamento de Cristo na Eucaristia é o aspecto mais profundo do mistério da sua natividade. Jesus, na hóstia, se faz menor que um embrião humano:

Tu que conheces minha extrema pequenez,
Que não receias nunca te abaixar até mim,
Vem a meu coração, hóstia branca que amo,
Vem a meu coração que anseia só por ti! (PS 8).

Contemplando Cristo no mistério eucarístico, Teresa vê nele a pobreza de Jesus, o último e o maior abaixamento: "Agora, é na hóstia que vos vejo chegar ao cúmulo de vossos aniquilamentos" (O 20). Nessa oração que Teresa compôs para Irmã Maria de Jesus, exprime claramente que Cristo, "revestido da forma e da natureza de escravo, abaixado ao ponto de lavar os pés de seus apóstolos" (cf. O 20), chama os seus discípulos a imitar a sua atitude. A presença de Jesus na Eucaristia é um convite constante para praticar a humildade:

> Ó meu Bem-amado, sob o véu da branca hóstia, como me pareceis doce e humilde de coração! Para ensinar-me a humildade, não podeis diminuir-vos mais; assim, quero, para corresponder ao vosso amor, desejar que minhas irmãs me ponham sempre em último lugar, e convencer-me de que ele é o meu (O 20).

Os três graus da *kénosis* de Jesus Cristo presentes na teologia de Santa Teresa do Menino Jesus e da Sagrada Face constituem no seu itinerário espiritual uma só etapa do abaixamento, a exemplo de Deus. É apenas uma passagem para a realidade escatológica à plenitude da união com o seu Esposo divino, na união que começa aqui e agora no processo gradual de cristificação.

Entre os escritos de Teresa, dois são considerados os picos da espiritualidade teresiana e merecem uma atenção particular. O primeiro é o texto relativo à descoberta da vocação no *Coração da Igreja* (Ms B 2v-3v), cuja denominação abre o tema. O segundo é a *oferenda de mim mesma como vítima de Holocausto ao amor misericordioso do bom Deus* que veremos posteriormente.

Manuscrito B: a descoberta do *Coração da Igreja*

No contexto das Obras Completas de Teresa de Lisieux, o Manuscrito B é o texto escrito no dia 8 de setembro de 1896, a pedido de sua Irmã Maria do Sagrado Coração, que a solicitou registrar no papel o que por ela fora partilhado. É o período em que Teresa sofria de corpo e de alma, padecendo fisicamente com a tuberculose pulmonar e atingida espiritualmente pela noite da fé. Paradoxalmente, é nesse período que surge de modo mais resplandecente a Luz de Cristo no Coração da Igreja, através do coração de Teresa. É neste texto que encontramos a última grande descoberta de Teresa, que é o próprio Coração da Igreja, Esposa de Cristo, que arde de amor, porque conserva sempre o fogo do Espírito Santo.[16] É o texto mais importante de Teresa sobre o amor de Jesus. É a sua obra-prima e é, ao mesmo tempo, o seu mais válido texto eclesiológico.[17] Através do seu próprio coração, Teresa descobre o *coração da Igreja* como *coração que queima de amor*, preenchido pela presença do Espírito Santo, que é em pessoa o fogo do amor de Jesus doado por meio dele à sua esposa.

Teresa expõe a sua *doutrina* ao *falar a Jesus*. Ela diz: "Ao escrever, é a Jesus que falo, assim me é mais fácil expressar meus pensamentos..." (Ms B 1v). Essa doutrina é a descoberta do mistério da Igreja em toda a sua profundidade e nas suas mais vastas dimensões, através de todos os tempos, todos os lugares, todas as vocações. A alma do Manuscrito B não é outra que o fundamental e contínuo *Jesus te amo* de Teresa, mas que agora se dilata no amor à

---

[16] Cf. LÉTHEL, F. M. *La luce de Cristo nel cuore della chiesa*, op. cit., 140.

[17] Cf. id. *L'amore di Gesù*, op. cit., p. 122.

Igreja. Esse breve texto endereçado ao Esposo divino era um programa de vida e de santidade, com os pedidos audazes do dom desse amor esponsal e exclusivo, de pequenez extrema, como um *grão de areia*, da salvação de todas as almas sem exceção. Com a sua grande prova, Teresa desce ainda mais no Mistério da Pequenez que tende para o *nada*. A expressão do prólogo do Manuscrito A: "é próprio do amor abaixar-se" (Ms A 2 v), ressoa agora com uma nova intensidade: "a fim de que o amor seja plenamente satisfeito, é preciso que se abaixe, que se abaixe até o nada e que transforme esse nada em fogo..." (Ms B 3v).

A oração começa simplesmente com as palavras: "Ó Jesus, meu Bem-amado!" (Ms B 2f). O ápice do Manuscrito B é a interpretação dos capítulos XII e XIII da primeira Carta aos Coríntios. No Capítulo XII, Teresa reconhece a diversidade dos membros da Igreja: "No primeiro, li que nem todos podem ser apóstolos, profetas, doutores etc... que a Igreja é composta de diferentes membros e que o olho não poderia ser, ao mesmo tempo, a mão" (Ms B 3f).

No entanto, para Teresa não basta apenas a estrutura hierárquica e das diversas vocações na Igreja. A realidade profunda da Igreja deve ir mais longe e ser completada com o Capítulo XIII sobre a caridade. Prosseguindo a leitura, é possível perceber no texto a experiência do Absoluto e do Infinito que Teresa realiza, a tal ponto de provocar nela uma verdadeira crise de vocação. Inflamada de amor, ela diz não ser suficiente ser simplesmente carmelita, mãe das almas:

> Ser tua esposa, ó Jesus; ser carmelita; ser, pela minha união a ti, a mãe das almas, deveria ser-me suficiente... mas não é... Sem dúvida, esses três privilégios formam minha voca-

ção: carmelita, esposa e mãe. Todavia, sinto em mim outras vocações, a de guerreiro, a de sacerdote, a de apóstolo, a de doutor, a de mártir, enfim, sinto a necessidade, o desejo de realizar, para ti, Jesus, as mais heroicas obras... Sinto na minha alma a coragem de um cruzado, de um zuavo pontifício. Queria morrer num campo de batalha pela defesa da Igreja...

Sinto em mim a vocação de sacerdote. Com que amor, ó Jesus, levar-te-ia em minhas mãos quando, pela minha voz, descesses do céu... Com que amor eu te daria às almas!... Mas ai! Embora desejando ser sacerdote, admiro e tenho inveja da humildade de São Francisco de Assis e sinto em mim a vocação de imitá-lo, recusando a sublime dignidade do sacerdócio.

Ó Jesus! Meu amor, minha vida... como conciliar esses contrastes? Como realizar os desejos da minha pobre alminha?...

Ah! Apesar da minha pequenez, queria iluminar as almas como os profetas, os doutores. Tenho a vocação de apóstolo... Gostaria de correr a terra, propagar teu nome e fincar tua cruz gloriosa no solo infiel. Ó meu amor, uma missão só não seria suficiente. Gostaria também de pregar o Evangelho nas cinco partes do mundo, até nas mais longínquas ilhas... Queria ser missionária, não só durante alguns anos, mas gostaria que fosse desde a criação do mundo e até o final dos séculos... Mas, sobretudo, meu Bem-amado Salvador, quero derramar meu sangue para ti até a última gota...

O martírio, eis o sonho da minha juventude. Esse sonho cresceu comigo no claustro do Carmelo... Mas, ainda aí, sinto que meu sonho é uma loucura, pois não conseguiria satisfazer-me com uma forma de martírio... Para satisfazer--me, preciso de todas... Como tu, esposo adorado, queria ser flagelada e crucificada... Queria morrer despojada como São Bartolomeu... Como São João, queria ser mergulhada no óleo fervente, queria sofrer todos os suplícios infligidos aos mártires... A exemplo de Santa Inês e Santa Cecília, gostaria de oferecer meu pescoço ao gládio e, como Joana d'Arc, minha irmã querida, queria murmurar teu nome na fogueira, ó Jesus... Ao pensar nos tormentos reservados aos cristãos no tempo do Anticristo, sinto meu coração estreme-cer e queria que esses sofrimentos me fossem reservados... Jesus, Jesus, se eu pudesse escrever todos os meus dese-jos, teria de pedir que me emprestasses teu livro de vida, aí estão relatadas as ações de todos os santos e essas ações, gostaria de tê-las realizado por ti...

Ó meu Jesus! o que vais responder a todas essas loucu-ras?... Há alma menor, mais impotente que a minha?... Po-rém, por causa da minha fraqueza, achaste prazer, Senhor, em atender aos meus pequenos desejos infantis e queres, hoje, realizar outros desejos, maiores que o universo... (Ms C 3f).

Teresa experimenta dolorosamente todos os seus limites, limites de uma vocação particular na Igreja. Mas mais adiante, no mesmo manuscrito, Teresa reconhece cla-ramente o risco dos seus *desejos infinitos:* "compreendi que meus desejos de ser tudo, de abraçar todas as vocações, eram riquezas que bem poderiam tornar-me injusta" (Ms C 4f). Mas é na fé e na humildade que Teresa procura o modo de realizar os seus desejos com a convicção de que estes provêm do Senhor:

A resposta estava clara, mas não satisfazia aos meus desejos, não me propiciava paz... Como Madalena se inclinando sempre junto ao túmulo vazio acabou por encontrar o que desejava, também me abaixei até às profundezas do meu nada e elevei-me tão alto que consegui atingir minha meta... Sem desanimar, prossegui com minha leitura e esta frase aliviou-me: "Aspirai, também, aos carismas mais elevados. Mas vou mostrar-vos ainda uma via sobre todas sublime". E o apóstolo explica como todos os mais perfeitos dons não valem nada sem o amor... Que a caridade é a via excelente para levar seguramente a Deus. Enfim, tinha encontrado repouso... Considerando o corpo místico da Igreja, não me reconheci em nenhum dos membros descritos por São Paulo, melhor, queria reconhecer-me em todos... A caridade deu-me a chave da minha vocação. Compreendi que se a Igreja tem um corpo, composto de diversos membros, o mais necessário, o mais nobre de todos não lhe falta. Compreendi que a Igreja tem um coração e que esse coração arde de amor. Compreendi que só o amor leva os membros da Igreja a agir, que, se o amor viesse a extinguir-se, os apóstolos não anunciariam mais o Evangelho, os mártires negar-se-iam a derramar o sangue... Compreendi que o amor abrangia todas as vocações, que o amor era tudo, que abrangia todos os tempos e todos os lugares... numa palavra, que ele é Eterno!...

Então, na minha alegria delirante, exclamei: "Ó Jesus, meu Amor... enfim, encontrei minha vocação, é o Amor!...".

Sim, achei meu lugar na Igreja e esse lugar, meu Deus, fostes vós quem o destes a mim... no Coração da Igreja, minha Mãe, serei o Amor... serei tudo, portanto... desta forma meu sonho será realizado!!!... (Ms B 3 f).

Vemos que pela eclesiologia teresiana, em consonância com a do Vaticano II, todas as vocações particulares não têm sentido, senão em relação com a fundamental e universal vocação à santidade, não sendo outra a santidade cristã que a plenitude do amor, da caridade.[18] É interessante a reflexão oferecida por Léthel à alusão que Teresa faz de Maria Madalena. Prossegue ele: "para Teresa a doutrina exposta por São Paulo no capítulo 12 é como o sepulcro vazio. É já uma verdade que é preciso aceitar, mas ainda não é o encontro com o Ressuscitado, que vem depois, com a leitura do hino da caridade no capítulo 13".[19]

O Ato de Oferenda

No final do Manuscrito A, quando Teresa relata a sua oferenda, se exprime de forma mais clara sobre o significado das *perfeições divinas* que são a misericórdia e a justiça:

> Depois de tantas graças, posso cantar com o salmista: "O Senhor é *bom*, eterna é sua *misericórdia*". Parece-me que, se todas as criaturas tivessem as mesmas graças que tenho, Deus não seria temido por ninguém, mas amado loucamente, e por *amor*, não temendo, as almas recusariam causar-lhe tristeza... Compreendo que as almas não podem ser todas iguais, é preciso que existam de diversas famílias a fim de honrar especificamente cada uma das perfeições de Deus. A mim, ele deu sua *infinita misericórdia* e é *por meio dela* que contemplo e adoro as demais perfeições divinas!... Então, todas me parecem radiantes de *amor*, a própria justiça (e talvez mais que as outras) me parece revestida de *amor*... (Ms A 83 v).

---

[18] Cf. ibid., p. 125.

[19] Cf. id., *La luce de Cristo nel cuore della chiesa,* p. 145.

O comentário feito por Teresa é explicitado por Léthel, que recorda a doutrina de São Tomás de Aquino sobre o *ser único e simples* de Deus que encerra toda a multiplicidade de seus atributos. Deus é simples, sem alguma composição, os seus atributos que a nós parecem diversos e até contrastantes, como a misericórdia e a justiça, são nele absolutamente idênticos. Assim, a misericórdia é essencialmente justa, assim como a justiça é essencialmente misericordiosa, porque a justiça é realmente idêntica à misericórdia.[20] Recordamos aqui a falsa concepção da justiça sem a misericórdia do jansenismo, de que Teresa tomou distância, aproximando-se da teologia de São Paulo que contempla a justiça através da misericórdia. Através da leitura orante, Teresa chega à conclusão com São Paulo de que a justiça de Deus não tem por objetivo julgar nem condenar o pecador, mas, ao contrário, justificá-lo gratuitamente mediante a redenção realizada em Jesus Cristo (Rm 3, 21-26). A justiça de Deus é essencialmente misericordiosa.

A certeza da misericórdia de Deus em Teresa permite uma total confiança excluindo todo medo, a ponto de assumir o empenho de celebrar o pacto de amor ao Deus da misericórdia com a oferenda de si mesma ao amor misericordioso como *vítima de holocausto*. Teresa diz: "Neste ano, em 9 de junho, festa da Santíssima Trindade, recebi a graça de compreender mais do que nunca o quanto Jesus deseja ser amado".

Em *Conselhos e lembranças*, referidos por Celina, irmã de Teresa, encontramos a descrição de como se procedeu a prática da oferenda como vítima de amor, no Carmelo, por Teresa.

---

[20] Cf. ibid., p. 125.

Mal Teresa concebera o plano de oferecer-se, ela o comunicou a Celina, convidando-a a se lhe associar. Obteve o seu consentimento imediato. Sua Irmã Maria, assustada pela palavra *vítima*, que lhe desagradava, recusou; isso deu a Teresa a ocasião de definir o sentido e as consequências muito acessíveis de tal oferenda. Assegurou-lhe, então, que "era para poder amar melhor a Deus, em compensação por aqueles que o não querem amar". E Maria confessou muito mais tarde: "Afinal, Teresa foi tão eloquente que eu me deixei conquistar e não me arrependo disso". A noviça, Irmã Maria da Trindade, animada de um desejo sincero de amar Nosso Senhor, quis refletir e solicitou um prazo. "Este ato", disse-lhe a Santa, "é mais importante que possamos imaginar, mas a única disposição que Deus nos pede é reconhecermos humildemente nossa indignidade e, já que Deus lhe concede esta graça, entregue-se a ele sem receio". E Celina concluiu:

> Se Teresa tivesse imaginado atrair sobre nós um acréscimo de sofrimentos, ela não teria apressado assim a nossa doação: pelo contrário, ela precisava que esse gesto era com toda a evidência diferente da oferenda à Justiça divina: *Não receeis oferecer-vos como vítima ao amor. Se fosse à justiça, poderíeis ter medo, mas o Amor Misericordioso se compadecerá da vossa fraqueza, ele vos tratará com suavidade.*

Ela nos dizia com energia: "Não há nada que temer da oferenda ao Amor, pois deste Amor só se pode esperar misericórdia". Nem por isso deixava de acrescentar que essa oferenda requeria boa vontade e generosidade".[21]

---

[21] Cf. TERESA De LISIEUX. *Conselhos e lembranças*. São Paulo, Paulinas, 1987, pp. 64-65.

Vimos como a palavra *vítima* desconcerta e choca muita gente. No entanto, qualquer cristão é covítima com Cristo enquanto membro do seu Corpo Místico e, por sua maior ou menor participação na Paixão, à qual não se pode furtar e que só tem valor na medida do amor com que a aceita.

Amar a Deus ou desejar amá-lo, e depois se abandonar à ação do seu amor sem resistência, é ser vítima, e isso pode levar, por caminhos comuns, a uma santidade incomum. Nesse caminho, como em qualquer outro, a santidade é uma estrada longa a percorrer, uma ladeira abrupta a galgar e Deus não suprime, nas almas entregues ao seu amor, o seu caráter e seus defeitos que são causa de choques, de fracassos e sofrimentos que o amor deve santificar. Aceitar todos os sacrifícios permitidos por Deus, impostos pelas circunstâncias de tempo, pessoas e lugares, por nossas relações sociais, quando estas últimas se tornam penosas por causa dos defeitos nossos e dos nossos semelhantes, por nossas tendências e disposições naturais; aceitar tudo isso cristãmente e oferecê-lo a Deus em união com o sacrifício de Jesus e nas suas mesmas disposições, nada mais se requer para se ter direito de considerar-se em estado de vítima, juntamente com Cristo e a título de membro do seu Corpo Místico.[22]

O sentido em que Teresa empregou também a palavra *holocausto* fundamenta-se em Lucas 12,49: "Vim trazer fogo à terra, e como gostaria que já estivesse aceso!". O holocausto concebe-se como sendo uma imolação, como destruição daquilo que se oporia em nós à expansão do amor. Isso porque, para conter o amor divino, o coração

---

[22] Cf. EMONNET, G. *Ato de oblação de Sta. Teresinha, atualidade e prática*. São Paulo, Loyola, 1988, p. 48.

deve estar vazio e puro: purificando-o, o amor queima e faz sofrer, antes de proporcionar-lhe as alegrias do seu efeito, a união com Deus.

Tomando distância da prática de pessoas que se ofereciam como vítimas à justiça de Deus, a fim de desviar e atrair sobre si os castigos reservados aos culpados, para Teresa esse oferecimento lhe parecia grande e generoso demais e não se sentia atraída a fazê-lo. Então, encontra uma alternativa:

"Oh, meu Deus!", exclamei no fundo do meu coração, "só vossa justiça recebe almas que se imolam como vítimas?... Vosso amor misericordioso não precisa também? Em todo lugar é desconhecido, rejeitado; os corações aos quais quereis prodigalizá-lo inclinam-se para as criaturas, pedindo a elas a felicidade com sua miserável afeição, em vez de lançar-se em vossos braços e aceitar vosso infinito amor... Oh, meu Deus! vosso amor desprezado vai ficar em vosso coração? Parece-me que, se encontrásseis almas que se oferecessem como vítimas de holocausto ao vosso amor, as consumiríeis rapidamente. Parece-me que estaríeis feliz em não conter as ondas de infinitas ternuras que estão em vós... Se vossa justiça gosta de descarregar-se, embora só se exerça na terra, quanto mais vosso amor misericordioso, que se eleva até os céus, deseja abrasar as almas... Oh, meu Jesus! que seja eu essa feliz vítima, consumais vosso holocausto pelo fogo do vosso divino amor! (Ms A 83 v).

Teresa pretendia assim abrir o próprio coração a Deus, a fim de atrair sobre si a divina caridade repelida por tantos homens, e morrer consumida por ela nas circunstâncias e no tempo que a Deus aprouvessem. Para ela, ser filho de Deus é ser amado por ele, tomar consciência disso e, em retribuição, amá-lo. Para Teresa o amor é um transporte filial para o Pai do qual sabe ser amada, para o Pai que quer verter-lhe no coração *as torrentes de sua infinita ternura*, e ela se entrega ao seu divino amor para ser consumida por ele como holocausto para o louvor da sua glória.

A boa vontade e generosidade referidas por Teresa, são a necessidade de dar-se, entregar-se totalmente ao fogo do Espírito que arde no coração de Jesus como *vítima de holocausto*. Somente assim o nosso coração torna-se capaz de acolher a abundância da água viva do mesmo Espírito. Em modo simples, Teresa prova a necessidade do dom total de si para acolher plenamente o dom de Deus. Em toda ação e iniciativa de Teresa, pode-se perceber uma conexão e integração muito intensa entre a realidade transcendente com Jesus pela fé, sua realidade pessoal e a realidade da humanidade, sobretudo, a dos discípulos de Jesus, os mais próximos:

Oferece a Deus sacrifício de louvor e cumpre os votos que fizeste ao Altíssimo. Eis, portanto, tudo o que Jesus quer de nós; ele não precisa das nossas obras, só do nosso amor; esse mesmo Deus que declara não precisar pedir comida a nós não receou mendigar um pouco de água junto à samaritana. Ele estava com sede... Mas, ao dizer "dê-me de beber", o Criador do universo estava pedindo o amor da sua pobre criatura. Tinha sede de amor... Ah! Sinto-o mais do que nunca, Jesus está sedento, só encontra ingratos e indiferentes entre os discípulos do mundo, enquanto, nos seus próprios discípulos, encontra poucos corações que se entregam a ele sem reserva, que compreendem toda a ternura do seu amor infinito. Irmã querida, como somos felizes por compreender os íntimos segredos do nosso Esposo (Ms B 1 v).

Para Teresa, o profundo conhecimento do amor é consequência do dom total a ele:

> Madre querida, vós que permitistes que eu me oferecesse assim a Deus, conheceis os rios, ou melhor, os oceanos de graças que vieram inundar minha alma... Ah! Desde esse feliz dia, parece-me que o *amor* me penetra, me cerca; que a cada instante esse *amor misericordioso* me renova, purifica minha alma e não deixa vestígio algum de pecado. Portanto, não posso temer o purgatório... Sei que, por mim mesma, não mereço entrar nesse lugar de expiação, pois só as almas santas podem ter acesso a ele, mas sei também que o fogo do amor é mais santificante que o do purgatório (Ms A 84 f e v).

É no contexto do amor recíproco entre Deus e Teresa que vai interpretado o Ato de Oferenda. Ele corresponde à experiência vivida por ela e aos desejos da sua vida espiritual; nos permite entrever a profundidade do seu mundo interior como resposta ao amor infinito de Deus. Após invocar a Trindade, Teresa se volta ao Pai:

> Como vós me amastes a ponto de me dar vosso Filho único para ser meu Salvador e meu Esposo, os tesouros infinitos de seus méritos são meus; feliz, vo-los ofereço, suplicando-vos que me olheis somente através da Face de Jesus e em seu coração ardente de amor (O 6).

Trata-se de uma oração direcionada a Jesus com evidente caráter cristocêntrico, embora ela se dirija no início à Santíssima Trindade. Isso porque, para Teresa, Cristo é a manifestação suprema do amor de Deus, ele é Salvador e o Esposo Amado, enquanto ela, uma criatura impotente que deseja as coisas divinas – a santidade, a justiça, o amor através de Jesus Cristo – e que se perde nas profundidades do seu coração ardente de amor. O Pai é a fonte do amor. É ele que deu o seu Filho e que nos olha e nos ama através da sua face e do seu coração. Portanto, na sua oferenda, ela oferece a Deus aquilo que antes dele ela recebeu, isto é, o seu Filho, o seu amor, que é capaz de satisfazer o desejo infinito de Deus. Teresa poderá oferecer-se a Deus enquanto se encontrar unida a Deus, transformada nele, consumida pelo amor misericordioso de Deus. Trata-se do desejo de Teresa que almeja à divinização, à transformação cristificante e que já as experimenta, porque a sua resposta consiste no acolher a ação transformadora do amor de Deus. A oração se concentra sobre a pessoa de Jesus, presente na Eucaristia, sobre o mistério da sua cruz, do seu coração.[23] O desejo de Teresa portanto, não é tornar-se santa com os próprios esforços, mas participar da santidade mesma de Deus, configurar-se plenamente por Cristo e realizar desse modo o plano divino, a divina vontade.[24]

Relevamos as expressões relativas à transformação cristificante relacionadas aos temas do sacramento da Penitência, do sofrimento, da participação na cruz de Cristo, da semelhança a Cristo Crucificado-Glorioso, vítima de holocausto, do martírio de amor.

Se, por fraqueza, caio às vezes, que imediatamente vosso Divino olhar purifique a minha alma, consumindo todas as minhas imperfeições, como o fogo que transforma todas as coisas nele mesmo...

---

[23] Cf. LÉTHEL, F. M. *La luce de Cristo nel cuore della chiesa,* op. cit., p. 127.

[24] Cf. GENNARO, C. Teresa di Lisieux: amore e passione. *RVS* 51 (1997/6), 747.

Eu vos agradeço, ó meu Deus! Por todas as graças que me concedestes, em particular por me terdes feito passar pelo crisol do sofrimento. É com alegria que vos contemplarei no último dia, levando o cetro da cruz; como vos dignastes partilhar comigo essa cruz tão preciosa, espero ser semelhante a vós, no céu, e ver brilhar em meu corpo glorificado os sagrados estigmas de vossa Paixão... (O 6).

Teresa compara simbolicamente a ação purificadora do sacramento da Penitência ao fogo que consome. Como o fogo transforma, assim a graça sacramental purifica a alma de Teresa e a transforma, tornando-a semelhante a ele. A expressão *semelhança com Cristo Crucificado* leva-a ao pensamento rumo ao martírio pelo amor e de vítima de holocausto. Para Teresa, Jesus mesmo é a primeira vítima de holocausto ao amor misericordioso de Deus, a vítima perfeita que Teresa quer não somente imitar, mas à qual quer unir-se, deixando-se transformar pelo seu amor.

Que esse martírio, depois me ter preparado para comparecer diante de vós, me faça enfim morrer e que minha alma se atire sem demora no eterno enlace de vosso misericordioso amor... Quero, ó meu Bem-amado, a cada batida de meu coração renovar esta oferenda um número infinito de vezes, até que, uma vez dissipadas as sombras, eu possa redizer o meu amor em um face a face eterno!... (O 6).

A plenitude da sua transformação em Cristo se revela no tom da simbólica esponsal, quando ela fala do *eterno enlace de vosso misericordioso amor* e quando se dirige a Deus dizendo *meu Bem-amado*. Cinco dias após a oferenda, durante a via-sacra, Deus respondeu à oferenda de Teresa (C A 7.7.)

A MODO DE CONCLUSÃO

Creio que, ao longo dos três capítulos, conseguimos construir o mais fielmente possível o percurso da vida e doutrina de Santa Teresa do Menino Jesus e da Sagrada Face. Fiz questão de ressaltar a atenção dela em integrar natureza e graça, o que favoreceu a dinâmica da conformação da sua humanidade a Cristo, para que nela ele pudesse perpetuar o seu mistério de glorificação do Pai e de salvação das almas.

Percorremos o itinerário espiritual de Teresa e pudemos perceber quanto foi forte o influxo de São Paulo apóstolo em sua vida, levando-a a integrar à doutrina mística de Teresa d'Avila e de João da Cruz a tradição do Carmelo.

Servimo-nos da afirmação de Gabriele di S. M. Maddalena (cf. *A união com Deus*, Lisboa, Aster, 1961, p. 132), mestre da vida espiritual, para reforçar a razão de Teresa ser, na Igreja, doutora do amor: "os discípulos do Santo (João da Cruz) forneceram-nos os mais claros ensinamentos, teóricos e práticos. Os ensinamentos teóricos encontram-se na célebre obra teológica das Carmelitas Descalças de Salamanca; os ensinamentos práticos provêm de uma santa que nos é muito querida, Santa Teresa do Menino Jesus, cuja doutrina do amor deriva inteiramente da do nosso Mestre".

O estudo permitiu-nos perceber que na vida de Teresa o mestre espiritual João da Cruz foi uma ponte provisória que a levou a atravessar até a margem definitiva da Sagrada Escritura, possibilitando-a beber da água viva. Vimos que, em Teresa, o encontro com Jesus fê-la viver exclusivamente para ele e com ele foi iluminada pela fé pura no Evangelho e agraciada abundantemente pelo fervor da sua prática, da concretização das exigências da Palavra. Assim, pudemos acompanhá-la no movimento descendente do Verbo de Deus, na dinâmica de cristificação de sua vida.

Alcançada pelo mistério que permitiu a Teresa contemplar a realidade do universo, obra do Criador, ela foi levada a encontrar o seu lugar na Igreja em um misto de paixão por Deus e pela humanidade.

Para concluir, valho-me da afirmação do grande teólogo contemporâneo Von Balthasar, que disse: "a mensagem fundamental da vida de Teresa é a verdade. Verdade que tem a mesma plenitude, força e capacidade de decisão da palavra da Sagrada Escritura; verdade compreendida como testemunho da própria vida à luz de Deus, como representação da Palavra de Deus na própria existência" (cf. Von Balthasar, 1974, o.c.).

BIBLIOGRAFIA

Fonte

BÍBLIA DE JERUSALÉM.

GENEVIÈVE, Cécile; LONCHAMPT, J. (org.). *Les mots de Sainte Thérèse de l'Enfant-Jésus et de la Sainte-Face. Concordance générale.* Paris, Cerf, 1996.

TERESA DO MENINO JESUS E DA SAGRADA FACE. *Obras Completas.* São Paulo, Loyola, 1997.

Bibliografia complementar

BERNARDINO, P. P. *Descoberta da pequena via.* São Paulo, Paulus, 1995.

CALOI, F. Teresa di Lisieux modello di libertà evangélica. *RVS* 50 (1996/4-5) 406-423.

CANTALAMESSA, R. *O rosto da misericórdia.* São Paulo, Paulus, 2016.

CASTELLANO CERVERA, J. La teoligia spirituale nella Chiesa e nel mondo di oggi. In: *La teologia spirituale. Atti del Congresso Internazionale OCD – Roma 24-29 aprile 2000.* Roma, 2001, 811-869.

DE MEESTER, C. *A mani vuote.* Brescia, Queriniana, 1975.

DESCOUVEMENT, P. *O segredo de um sorriso.* São Paulo, Paulinas, 1986.

EMONNET, G. *Ato de oblação de Sta. Teresinha, atualidade e prática.* São Paulo, Loyola, 1988, 48.

GABRIELE DI, S. M. Maddalena, *Nella luce di S. Giovanni della Croce riflessa S. Teresa di Lisieux.* Roma, 1991.

_____. *A união com Deus.* Lisboa, Aster, 1961.

GAUCHER, G. *A paixão de Teresa de Lisieux.* São Paulo, Loyola, 1977, pp. 73-90.

GENNARI, G. *Teresa di Lisieux. La verità è piú bela.* Milano, Ancora, 1974.

GENNARO, C. Teresa di Lisieux: amore e passione. *RVS* 51 (1997/6) 742-752.

GIORDANI, B. *Psicoterapia umanistica.* Assisi, Cittadella, 1998, pp. 30-46.

GORRES, I. *Teresa de Lisieux.* Lisboa, Aster, 1961.

HERIBAN, J. Inno cristologico (Fil 2, 6-11). In: A. Sacchi e Collaboratori (ed.). *Lettere paoline e altre lettere.* Leumann (Torino), 1996, pp. 381-395.

KASPER, W. *Il Dio di Gesù Cristo.* Brescia, Queriniana, 2011.

LÉTHEL, F. M. *La Luce di Cristo nel cuore dela Chiesa.* Roma, Editrice Vaticana, 2011.

_____. *L'Amore di Gesú: La cristologia di santa Teresa di Gesù Bambino.* Roma, Libreria Editrice Vaticana, 1999.

MARIE EUGÈNE DE L'EFANTA JÉSUS. *Il tuo amore è cresciuto con me. Un genio spirituale Teresa di Lisieux.* Roma, Morena, 2004.

MOSTARDA, P. *La simbolica della natura nella teologia di Santa Teresa di Lisieux.* Roma, Morena, 2006.

PALUMBO, E. (ed.). *La Via dell'Amore. L'apostolo Paolo in Teresa di Gesù Bambino*. Bari, 1997.

PIAT, S. G. *Storia di una famiglia. Uma scuola di santità*. Roma, Morena, 2004.

RATZINGER, J. *Jesus de Nazaré*. São Paulo, Planeta, 2007.

SIX, J. F. *Os últimos dezoito meses de Santa Teresinha, luz na noite*. São Paulo, Loyola, 2000.

SUCHORAB, R. *La cristificazione paolina nella vita, nella dottrina e nellesperienza spirituale di Santa Teresa di Gesù Bambino e del Santo Volto*. Pontificia Università Gregoriana, 2012.

TADA, C. *A pequena via de Teresa de Lisieux*. São Paulo, Paulinas, 2011.

_____. *Teresa de Lisieux, síntese harmoniosa da natureza e graça*. São Paulo, Paulinas, 2011.

VON BALTHASAR, U. H. *Teresa di Lisieux e Elisabetta di Dignione*. Milano, Jaca Book, 1974.

XAVIER, J. D. *Aspectos da natureza de Deus: amor e misericórdia. A kénosis das Pessoas Divinas como manifestação do amor e da misericórdia*. São Paulo, Tese de Mestre em Teologia Dogmática, 2002.

Impresso na gráfica da
Pia Sociedade Filhas de São Paulo
Via Raposo Tavares, km 19,145
05577-300 - São Paulo, SP - Brasil - 2018